E3

SEKSCODES

JUDI JAMES

Sekscodes

 DE KERN

Oorspronkelijke titel: *Sex Signals*
Oorspronkelijke uitgever: Judy Piatkus (Publishers) Ltd
Copyright © 2003 by Judi James
The moral right of the author has been asserted
Copyright © 2005 voor deze uitgave:
Uitgeverij De Kern, De Fontein bv, Postbus 1, 3740 AA Baarn
Vertaling: TOTA/Erica van Rijsewijk
Omslagontwerp: Fielding Design
Omslagbelettering deze editie: Hans Gordijn
Opmaak binnenwerk: Het vlakke land, Rotterdam
ISBN 90 325 1005 3
NUR 450

www.uitgeverijdefontein.nl

Inhoud

Inleiding

Wist je dat lichaamstaal een factor is die grote invloed heeft op het proces van kennismaken, daten en relaties aangaan?

Volgens onderzoek van een psycholoog brengen tijdens gewone gesprekken tussen mensen woorden maar 7 procent van de algehele boodschap over. Bij het totstandkomen van een relatie is dit percentage zelfs nog lager. De impact van je lichaamstaalsignalen bedraagt daarentegen 55 procent en meer van de totale boodschap; iemand die in jou geïnteresseerd is, krijgt daardoor een heleboel informatie over jouw zelfrespect, je emotionele bagage, je sensualiteit en seksuele voorkeuren. Dat houdt in dat de woorden die je uitspreekt je potentiële partner weliswaar het een en ander over jou vertellen, maar dat je houding en de manier waarop je je beweegt, gebaart en glimlacht een heel andere boodschap kunnen overbrengen.

Wanneer een nieuwe partner jou voor het eerst ontmoet, zal hij of zij je in eerste instantie beoordelen naar hoe je eruitziet en naar hoe je ruikt en klinkt, maar om écht aantrekkelijk voor hem of haar te zijn, moet je meer te bieden hebben dan alleen lichamelijke schoonheid en gevoel voor mode. Terwijl zich aan de oppervlakte het proces van kennismaking en paarvorming voltrekt, nemen beide partners zonder zich daar direct van bewust te zijn een heleboel belangrijke beslissingen en worden op onderbewust niveau sterkere, meer krachtige seksuele signalen doorgrond alsmede de kansen berekend op een geslaagde seksuele, emotionele en intellectuele verbintenis.

Je houding – in combinatie met het algehele ritme van je bewegingen – zendt voor een potentiële partner veel sterkere signalen uit over compatibiliteit en aantrekkelijkheid dan alleen lichamelijke 'volmaaktheid' zou kunnen, en dat vaak juist tijdens de eerste paar seconden van een ontmoeting. Lichamelijke schoonheid speelt bij deze berekeningen ook wel enigszins een rol. Een fraai uiterlijk kan zowel een opwarmer als een afknapper zijn als dat betekent dat je wordt beoordeeld als visueel incompatibel, dat wil zeggen: als iemand die zich naar de smaak van zijn publiek te ver in de richting bevindt van een van beide uiteinden van het spectrum. Een fraai uiterlijk kan het oog en het ego strelen, maar je wordt pas echt aantrekkelijk voor een ander als je sensuele signalen uitzendt en blijk geeft van de stijl van gedrag en emoties waaraan die ander de voorkeur geeft, want uiteindelijk wordt het hart daardoor geregeerd.

We kunnen dan ook wel stellen dat factoren waarvan algemeen wordt gedacht dat die aantrekkelijkheid bepalen maar een klein deel uitmaken van een complex seksueel en emotioneel proces. Desondanks heb je al van jongs af aan een heleboel adviezen over je heen gekregen over hoe je jezelf aantrekkelijker zou moeten maken voor een partner. Tijdschriften en boeken hebben je veelal wijsgemaakt dat je daarvoor zou moeten afvallen, een flitsend leven zou moeten leiden en je je leven lang zou moeten bezighouden met alle cosmetica en mode die vandaag de dag maar verkrijgbaar zijn. Je rolmodellen hebben het wellicht zo aangepakt en zijn misschien nog steeds wel film- en popsterren.

De druk waaraan we vanaf onze jongste jaren blootstaan, zowel om te voldoen aan een algemeen ideaal als om dat na te volgen, is echter in feite nergens op gebaseerd. Als we een partner willen aantrekken, doen we ons best om visueel acceptabel te zijn, ondanks het feit dat de rolmodellen die we nabootsen – modellen, artiesten en acteurs – in werkelijkheid zelden een date krijgen of weten vast te houden, laat staan dat ze met iemand een lange, gelukkige relatie hebben.

Het proces dat uitmondt in een partnerrelatie zit ingewikkeld in elkaar en is gebaseerd op persoonlijke voorkeur, en niet op een sociaal ideaal. Wil die potentiële date jou onweerstaanbaar gaan vinden, of zelfs aan de aandoening ten prooi vallen die we 'liefde op het eerste gezicht' noemen, dan zul je moeten zien te scoren op de meeste, zo niet alle, van de onderstaande cruciale punten.

1. Op de schaal van wat 'men' onder lichamelijke schoonheid verstaat moet je vrij dicht in de buurt van het ideaal scoren. Ben je te lelijk, dan stoot je af; ben je te mooi, dan word je als onbereikbaar beschouwd.
2. Je moet signalen uitzenden – middels je houding, je manier van lopen en je gebaren – die wijzen op een sensualiteit, libido en seksuele voorkeur die bij de ander zouden passen.
3. Soms moet je middels de vorm van je lichaam en je manier van bewegen, duidelijk maken dat je heel wel in staat bent om voor nageslacht te zorgen.
4. Je moet de indruk wekken – ook hier weer door middel van gezichtsuitdrukkingen, gebaren en houding – dat je ofwel gedragspatronen vertoont waarin de ander zich kan vinden, ofwel gedragspatronen die op de een of andere manier aansluiten bij wat hij/zij heeft meegekregen uit zijn/haar jeugd.
5. Soms moet je door je kleding, accessoires, woorden of lichamelijke aanwezigheid duidelijk maken dat je een partner kunt beschermen en verzorgen, ofwel financieel, ofwel intellectueel, ofwel dankzij lichamelijke kracht.

Lippenstift, aftershave, gel, mode en diëten kunnen stuk voor stuk een eigen rol spelen in het proces, maar als je er *goed* uitziet, wil dat nog niet altijd zeggen dat je er ook *juist* uitziet. Om een effectieve match te bewerkstelligen, om jezelf echt aantrekkelijk te maken voor degene op wie je je oog hebt laten vallen, en om jullie relatie in de weken, maanden of jaren die nog komen gaan fris en succesvol te houden, zul je ervaren moeten zijn in zowel het interpreteren als het uitzenden van de verborgen signalen van seksuele lichaamstaal.

Over dit boek

Door na te gaan wat wel en niet aantrekkelijk is, en door bepaalde sleutelaspecten te analyseren die je voorheen altijd als toevalsfactoren had beschouwd, helpt dit boek je het belangrijke proces van stilzwijgende seksuele communicatie te doorgronden. Aan de hand van tips en technieken ga je vervolgens na hoe je je eigen sensuele en emotionele charisma effectiever kunt inzetten.

Wil je echt sex-appeal hebben voor een potentiële partner, begin dan met een ritueel van geslaagde stilzwijgende communicatie die de ander doet denken aan zijn of haar jonge jaren, of aan nog langer geleden. Sommige technieken zijn gebaseerd op intuïtie, andere zijn meer bedacht, maar je kunt al deze vaardigheden vergroten door na te gaan wat voor uitwerking ze hebben en door ze te oefenen. Door deze signalen uit te zenden, te interpreteren en te doorgronden, zul je beter in staat zijn om zowel bewust als onbewust door te dringen tot degene die je leuk vindt.

Dit boek zal je in elke fase van het riteel van kennismaken, daten en relaties aangaan terzijde staan en je laten zien hoe je het beste uit jezelf kunt halen. Om dat te bereiken zullen verschillende onderwerpen aan bod komen.

- Een complete make-over van je lichaamstaal. Je krijgt snelle tips om jezelf met onmiddellijke ingang aantrekkelijker te maken. Dat kan variëren van een verandering van je houding en je manier van lopen tot hoe te glimlachen, gebruik te maken van oogcontact, en je handen, romp en benen te bewegen.

- Empathie creëren – gevoel ontwikkelen voor subtiele signalen, zodat je zo snel mogelijk met de ander op één golflengte zit.
- Aantrekkelijk zijn op elk niveau.
- Afknappers vermijden. Je leest op welke lichaamstaalgebaren de meeste mannen en de meeste vrouwen meteen afknappen, en hoe je die uit je repertoire kunt schrappen.
- Flirten, zonder opdringerig of onecht over te komen.
- Luisteren. Je eigen lichaamstaalsignalen bepalen maar voor de helft het communicatieproces. Wanneer je de boodschappen van je partner kunt interpreteren, zul je hem of haar beter begrijpen.
- Aanraken.
- Leren de partner met wie je een langdurige relatie hebt te doorgronden en de valkuilen van stereotypes en aannames te vermijden.
- Luisteren met je ogen én oren.
- Leren hoe je kunt zien of hij/zij een ander heeft.
- Leren hoe jij een ander kunt hebben.
- Je relatie spannend maken, zonder dat daar bondageparty's aan te pas hoeven te komen.

Sekscodes zal tevens trachten antwoord te geven op belangrijke vragen die ons allemaal bezighouden.

- Tot wie voel ik me aangetrokken en waarom?
- Welke seksuele signalen zendt mijn lichaam naar buiten toe uit?
- Hoe kan ik beter te kennen geven dat ik iemand aantrekkelijk vind?
- Hoe weet ik of hij/zij mij wel ziet zitten?

- Hoe ga ik te werk bij de eerste ontmoeting, en waaruit kan ik opmaken dat het eerste contact positief is?
- Hoe vind ik de balans tussen onderkoeldheid en oververhitting?
- Welke veranderingen doen zich in een langdurige relatie op het gebied van seksuele signalen voor, en hoe kan ik daarop inspelen om ervoor te zorgen dat we elkaar aantrekkelijk blijven vinden?
- Waar kan ik aan merken dat een relatie mis dreigt te lopen?
- Welke sekscoderituelen bestaan er tijdens het vrijen? Hoe kom ik erachter wat mijn partner wil, of hoe kan ik zonder er expliciet naar te vragen toewerken naar meer genot voor ons beiden?

Tweerichtingsverkeer

Sekscodes laat je zien hoe je geslaagde non-verbale boodschappen zowel kunt verzenden als ontvangen. Dat kan normaal gesproken al tricky zijn, maar tijdens seksueel getinte ontmoetingen kunnen de problemen helemaal de pan uit rijzen. Verlegenheid en faalangst ondermijnen vaak zelfs de meest basale vaardigheden.

Met name eerste ontmoetingen kunnen rampzalig verlopen. Net als een sollicitant bij een sollicitatiegesprek willen we onmiddellijk en voortdurend indruk maken, wat de situatie onder druk zet en zelfs tot stress leidt. En dat kan er weer toe leiden dat we een chronisch gebrek aan subtiliteit en knowhow tentoonspreiden. We verstaan, interpreteren en begrijpen dingen verkeerd. Nervositeit en gebrek aan zelfvertrouwen zijn de grootste bananenschillen waar we in het leven over kunnen uitglijden. Hoe meer we ons zorgen maken over wat anderen denken, hoe vaker we wankelen, vallen… en uiteindelijk op ons achterste belanden.

De lijst met hindernissen is eindeloos, en toch besteden we een groot deel van ons leven aan zoeken naar de ideale partner. Geen wonder dat we hulp nodig hebben. En hulp is precies wat dit boek je biedt.

Ga mee met de tijd

De afgelopen jaren heeft er een stille revolutie plaatsgevonden op het gebied van kennismaken en daten, en het is raadzaam je vaardigheden zodanig op te waarderen dat ze met deze culturele veranderingen gelijke tred houden. Zo geeft 40 procent van de mensen tegenwoordig te kennen dat ze een partner hebben gevonden via hun werk. Over kantoorromances doen bazen vandaag de dag niet meer zo moeilijk. Ook bestaan er tegenwoordig een heleboel nieuwe manieren om te flirten en een partner te zoeken, zoals internet, e-mail, sms'en en speeddating. Vrouwen zijn minder passief en meer proactief bij het zoeken naar een man. Trouwen heeft aan populariteit gewonnen, maar scheiden ook. En mensen van middelbare leeftijd en ouder trekken zich tegenwoordig minder snel uit de relatiemarkt terug.

Niet aan leeftijd gebonden

Dit boek is niet alleen bedoeld voor mensen die net met daten beginnen. In de loop van hun leven maken zowel mannen als vrouwen diverse seksuele fases door, van kalverliefde tussen puisterige pubers tot een volwassen, langdurige relatie. In de moderne maatschappij hoef je je niet oud te voelen en hoeft een partnerrelatie lang niet altijd een heel leven te duren.

Stijgende echtscheidingscijfers tonen aan dat mensen van middelbare leeftijd en ouder minder vaak blijven hangen in een fase van stabiele seksuele volwassenheid, maar juist telkens opnieuw de relatiemarkt opgaan, en dat vaak met even weinig zelfvertrouwen als toen ze vijftien waren, of zelfs nog minder.

Dit boek helpt je door al deze kritieke – en vaak amusante – fases heen, door je inzicht te geven in alle vaardigheden voor non-verbale communicatie die je nodig hebt om op dit terrein succesvol te navigeren. Door de lichaamstaalsignalen van anderen te interpreteren, terwijl je de signalen die je zelf uitzendt goed in de gaten houdt, zul je uiteindelijk met succes anderen kunnen leren kennen, kunnen flirten, daten, verleiden en een partner kunnen vinden.

1 Lichaamstaal: vier grote hindernissen

Tja, waarom moeten we nu eigenlijk getraind worden in lichaamstaal? Dat is toch gewoon een basisvaardigheid om te overleven die ons als zoogdieren is aangeboren en die we in de loop van ons leven steeds meer hebben aangescherpt en geperfectioneerd?

In zekere zin is dat waar, maar als we lichaamstaal in onze jonge jaren beginnen te leren en pogingen wagen om ons gedrag te *plannen* in plaats van spontaan te zijn, krijgen we twee aspecten van geconditioneerd gedrag aangeleerd die het effect hebben van een supersterke onkruidverdelger op de prille ontluikende knoppen van ons non-verbaal talent: we leren praten en we leren liegen. Vanaf dat moment gaat het wat betreft het machtig worden van lichaamstaalsignalen, in de regel alleen nog maar bergafwaarts.

Echter, bij het uitzenden en ontvangen van seksuele signalen leggen we zelden veel nadruk op de woorden die iemand gebruikt, voornamelijk omdat onze andere zintuigen, vooral het zien en het ruiken, het overnemen. Voorzover we al aandacht besteden aan wat er wordt gezegd, doet de toon waarop dat gebeurt ons veel meer dan de inhoud, tenzij degene naar wie je zit te luisteren dingen zegt als: 'Ik heb van de week de lotto gewonnen.' In gewone, niet-seksuele communicatie, is de stem goed voor 38 procent van de impact, en dat is ook de reden waarom een stem verleidelijk kan zijn als de stembuigingen en klankkleur als aantrekkelijk worden ervaren.

Maar als lichaamstaal zo'n dominante vorm van communicatie is, hoe kan het dan dat de meeste mensen zich zo weinig bewust zijn van de signalen die ze uitzenden, en zo in de war raken van de signalen die ze ontvangen van de mensen om hen heen? Waardoor wordt deze oervaardigheid nou zo ondermijnd?

Om antwoord op die vraag te geven, moet je teruggaan naar je allereerste pogingen om te communiceren.

Babypraat

Toen je nog een baby was, was het leven heerlijk simpel. Je was argeloos en spontaan toen je ter wereld kwam, maar tegelijkertijd was je wel het minst van alle diersoorten in staat om voor jezelf en je eigen natje en droogje te zorgen. Daarom bedacht je – in samenwerking met de natuur – terwijl je daar in je wiegje hulpeloos lag te wachten op de volgende lading perenmoes, een slimme overlevingstactiek: door een schattig gezichtje te zetten zorgde je ervoor dat de grote mensen zich voor jou het vuur uit hun sloffen *wilden* lopen. Je grote ronde ogen, dikke wangetjes en kale hoofdje maakten je acuut ontwapenend. (Pas op: later in het leven neemt de aantrekkingskracht van zulke kenmerken af.) Om de aandacht van de volwassenen te trekken, zette je allereerst zo'n keel op dat die onmogelijk te negeren viel. Later ontwikkelde je dit tot het minidrama dat bekendstaat als de driftaanval in het openbaar.

Vanaf het moment dat je ongeveer een kwartier oud was, was je al bezig lichaamstaalsignalen te interpreteren om na te gaan of je trucjes werkten. Op die leeftijd begon je zelfs al de gezichtsuitdrukkingen van je moeder na te doen om geaccepteerd te worden, terwijl je gelaatstrekken familieleden de opmerking ontlokten: 'Lijkt hij/zij niet ontzettend op zijn/haar vader?' Jouw manier om je te verzekeren van een band met, en bescherming en koestering door degene die niet altijd voor 100 procent zekerheid kan hebben over bloedverwantschap.

Dus zodra je was geboren, bestonden je overlevingstactieken uit een beroep doen op je ouders door hun aandacht te trekken middels schreeuwen, vervolgens een schattig gezichtje te trekken, en daarna lichaamsbewegingen te imiteren om empathie te creëren.

Simpel? Jazeker.

Doeltreffend? Zonder meer.

En als deze oer-overlevingstactiek je bekend in de oren klinkt, zou het wel eens kunnen zijn dat je deze succesformule van 'aandacht trekken om goedkeuring te krijgen' later in je leven nog steeds toepast. Alleen omvat je doel dit keer meer dan slechts persoonlijk overleven: je maakt je ook druk om de overleving van je gehele soort. Met andere woorden: het is je vooral om seks te doen.

Helaas heb je nu inmiddels rekening te houden met factoren die deze simpele en succesvolle formule complexer en minder betrouwbaar hebben gemaakt. Je deed het tot je een jaar of drie was fantastisch op de School voor Lichaamstaal, en dat is meteen ook zo ongeveer de leeftijd waarop de vier obstakels ten tonele verschijnen. Hieronder worden ze kort besproken.

1 Er is je geleerd: 'Mensen aanstaren is onbeleefd'

Het vermogen dat je op dit moment hebt om de o zo belangrijke non-verbale signalen die de mensen om je heen uitzenden te interpreteren, is ondermijnd geraakt door deze frase, die je in je jonge jaren vast en zeker keer op keer te horen hebt gekregen. Dit simpele zinnetje – naar alle waarschijnlijkheid regelmatig uitgesproken door je gegeneerde ouders tot de boodschap tot je was doorgedrongen – heeft een van de grootste barrières opgeworpen voor je communicatieve vaardigheden in het hier en nu. Om effectief non-verbale signalen te kunnen registreren, zoals de natuur het heeft bedoeld, moet je nu eenmaal kijken. En dat is, helaas, sociaal niet acceptabel. Overmatig gebruik van oogcontact leidt steevast tot agressie.

'Heb ik soms wat van je an?' is de strijdkreet waarmee caféruzies beginnen. Staren maakt mensen nerveus, ook als ze geen vreemden voor elkaar zijn. Probeer je partner maar eens langer aan te kijken dan anders en ga na hoe snel hij/zij onrustig wordt en vraagt of er soms iets is.

Het is eigenlijk heel gek dat de enige naar wie we tijdenlang kunnen staren degene is op wie we verliefd zijn. Bestudeer maar eens een stel aan een restauranttafeltje en je ziet algauw in welke fase hun relatie zich bevindt. Lange blikken duiden meestal op de fase tussen verliefd zijn en gaan samenwonen in. Het gekke hiervan is dat het veel nuttiger zou zijn om lange tijd naar potentiële partners te staren vóórdat we op hen verliefd worden. Kijken zou ons kunnen helpen na te gaan wie ze zijn en waar ze voor staan. Maar staren is iets intiems dat alleen geliefden kunnen delen. Die zijn dan ook non-stop bezig elkaars gezicht af te speuren op tekenen van goed- of afkeuring, zodat ze zichzelf de hele tijd zo aantrekkelijk mogelijk kunnen maken.

Je moet dus een interpretatiesysteem ontwikkelen zonder te kijken. Je werpt snelle blikken, je gluurt tersluiks, en je maakt gebruik van je perifere gezichtsveld. En dat betekent dat een hele hoop je ontgaat.

2 Maskeren (of liegen)

Maskeren is een vorm van beleefde bedriegerij die voorkomt dat we onszelf aan anderen hoeven bloot te geven. Om seksuele lichaamstaal adequaat te kunnen interpreteren, moet je goed leren tussen de regels te lezen. Mensen hebben, evenals de meeste diersoorten, als het om hun lichaamstaalsignalen gaat een sociaal verantwoordelijkheidsgevoel. We vermijden al te grote eerlijkheid of directheid, en kiezen voor trucjes, ontkenning en bedriegerij. Terwijl twee honden het geen punt vinden om aan elkaars achterste te snuffelen om te kijken hoe de zaken er in seksueel opzicht voor staan, achten wij mensen ons hoog boven deze methode van contact leggen verheven. Daar staat tegenover dat we wél heel goed de boodschap 'geen interesse' kunnen overbrengen wanneer we voor het eerst iemand ont- moeten in wie we wel iets zien; een methode die we vervolgens 'nee betekent ja' noemen.

Een andere reden om onze ware gevoelens te maskeren is angst voor afwijzing. De meeste mensen willen voordat ze ook maar bereid zijn toe te geven dat ze zich tot iemand aangetrok- ken voelen de deur naar een vluchtroute op een kier laten staan, wat tot een hele rits verwarrende en onwaarachtige lichaams- taalsignalen kan leiden. We geven hints en spelen kiekeboe. We stellen het moment waarop we onszelf blootgeven en naar voren durven treden, al is het maar met een 'jij lijkt me een heel leuk iemand', steeds weer uit. We maken grapjes, we flirten en we maken de weg vrij voor seks, en al die tijd hebben we een excuus of een zinnetje bij de hand voor als het tóch mocht tegenzitten. We zoeken naar congruentie en empathie wanneer we de lichaamstaal van de ander peilen, maar zonder ook maar iets van onze eigen gevoelens te laten blijken. Zelfs wanneer we voor de seks gaan, hebben we vaak nog een heel scala aan mogelijkheden om een relatie te weigeren paraat, zowel voor, tijdens als na de daad.

Daarentegen worden we wanneer we met iemand in gesprek zijn getroffen door diens oprechtheid, of het gebrek daaraan. We willen graag verder komen dan maatschappelijke conventies ons toestaan en iets zien van de *werkelijke* betekenis van wat de ander zegt. Dat maakt allemaal deel uit van iemand beter leren kennen. Bij seksuele ontmoetingen wordt die ken- nis meestal als cruciaal beschouwd, zeker als het doel een langdurige relatie is. Daarom is congruentie ook zo belangrijk. Wanneer je woorden, je stemmodulatie en je non-verbale sig- nalen allemaal hetzelfde zeggen, kom je eerlijk op andere men- sen over, en dat maakt je des te beminnelijker. Sociaal 'maske- ren' – echte gevoelens verbergen achter etiquette en angst voor afwijzing – leidt al in de allereerste fase van een seksuele relatie tot problemen. Toch blijft het een noodzakelijk kwaad als we niet dom, onhandig of bot, of zelfs bedreigend, willen overkomen. Onze vroege conditionering zegt ons dat we de meer spontane seksuele signalen moeten vermijden en spelletjes met lichaamstaal moeten gaan spelen, zoals desinteresse veinzen of 'nee betekent ja'.

3 Seksuele discrepanties (de Mars-Venus-kwestie)

Tussen de twee seksen is vaak sprake van een grote tegenstrijdigheid in het overbrengen van zowel verbale als visuele boodschappen, wat te wijten is aan opvoeding en een hele hoop moeilijk in kaart te brengen verschillen in communicatiestijlen. (Je begint nu misschien te begrijpen waarom we er hulp bij nodig hebben om de fascinerende en complexe elementen waaruit sekscodes zijn opgebouwd te ontrafelen.)

Mannen weten over het algemeen niet wat ze aan moeten met de signalen die vrouwen uitzenden, en omgekeerd geldt hetzelfde. Op een goede dag kan dit tot komische misverstanden leiden, maar op een slechte dag kan het betekenen dat relaties stranden en dat er werkelijke tragedies plaatsvinden.

Verlegenheid en een onvermogen om mannelijke of vrouwelijke signalen te vertalen, halen verbale boodschappen zo goed als helemaal onderuit, niet alleen in de beginfase van de kennismaking, wanneer we anderen kunnen aantrekken door slechts ons uiterlijk en onze bewegingen, maar ook in latere fases, tijdens de seksuele daad zelf.

Helaas – maar soms is het ook amusant – staat ervaring op het vlak van non-verbale seksuele communicatie niet altijd garant voor grotere expertise. Langgetrouwden weten vaak net zomin wat ze aan moeten met het seksuele gedrag van hun partner als mensen bij een eerste date. De diepe wens wijs te worden uit alle verwarring leidt maar al te vaak tot stereotyperingen of het negeren van cruciale signalen en responsen, vaak ten koste van de relatie zelf.

4   Seksuele etiquette

Het laatste obstakel voor een open en toegankelijke lichaamstaal tijdens het groeiproces van een relatie is gehechtheid aan sociale seksuele regels. Dit zijn de richtlijnen volgens welke we hebben afgesproken het spel te spelen. Grofweg komt het erop neer dat we ze overnemen van onze ouders of leeftijdgenoten, en dat ze aangeven wat 'goed' gedrag is en wat sociaal gezien 'verkeerd' is.

Zoals geldt voor alle andere vormen van etiquette zetten ze enigszins een domper op onze natuurlijke, dierlijke responsen. Zo kan een meisje een jongen weliswaar meer dan aantrekkelijk vinden, maar kunnen de regels van de cultuur dicteren dat ze tot aan hun derde of vierde afspraakje veinst geen interesse te hebben in eventuele seks met hem, of zelfs niet tot aan hun trouwdag.

De meeste jongeren groeien op met bepaalde ideeën over hoe snel of langzaam ze stappen op het gebied van seks zouden moeten zetten, van de eerste kus tot aanrakingen, tot seks met alles erop en eraan. Deze 'regels' kunnen ingaan tegen natuurlijke instincten, en nog veel sterker tegen communicatieve signalen. Maar lap de regels aan je laars en je lijkt in het beste geval onhandig en in het slechtste geval een opdringerig type of een wellusteling. In het bedrijfsleven kunnen deze regels officieel worden gesanctioneerd onder het hoofdstuk 'seksuele intimidatie'.

Vaak vinden we het lastig om te beoordelen of iemand ons nou ziet zitten of niet. Heeft de ander geen aandacht voor ons omdat hij/zij geen interesse heeft, of heeft het te maken met etiquette? De grote vraag is: hoe maak je onderscheid tussen iemand die nee zegt en ja bedoelt, of bang is voor afwijzing, of zich alleen maar aan de etiquette houdt, en iemand die jou ongeveer even aantrekkelijk vindt als een belastingformulier?

Hindernissen overwinnen: tussen de regels lezen

De sleutel tot het overwinnen van de bovengenoemde vier hindernissen op het gebied van lichaamstaal is eenvoudig. Als je verder leest in dit boek, zul je zien hoe je voor lichaamstaal ontvankelijker kunt worden en er meer oog voor kunt ontwikkelen. Toekijken alleen is niet genoeg, je moet leren letten op bepaalde rituele signalen. Zelfs een snelle blik kan je een heleboel informatie verschaffen, als je maar weet waar je naar zoekt.

Wanneer je naar mensen luistert, gebruik je zowel je ogen als je oren. Luisteren is een actieve, en geen passieve vaardigheid. Je observatievermogen is waarschijnlijk ernstig verwaarloosd. Doordat we voortdurend met allerlei mensen contact hebben, letten we in onze haast zo weinig op hun seksuele en niet-seksuele signalen dat die geen enkel vervolg meer kunnen krijgen. Word aandachtiger en analytischer. Wees alert op de boodschap die achter de woorden schuilgaat. Maak je niet langer druk om je eigen boodschappen, maar stel je open voor de onuitgesproken dialogen van anderen.

Probeer wanneer je iemand ontmoet eens na te gaan in wat voor stemming die persoon is. Hoe voelt hij/zij zich? Hoe veranderen die gevoelens in de loop van jullie kennismaking? Vergeet de woorden, want die hebben weinig invloed. Ons is allemaal van jongs af aan ingeprent dat we de juiste dingen zouden moeten zeggen. We hebben de mond vol van clichés, maar ons lichaam laat zien wat fris en waarachtig is.

Probeer achter het masker te kijken. Beschouw daarom gesproken taal en gezichtsuitdrukkingen als even belangrijke onderdelen van de persoonlijkheid die zich 'presenteert'. Vaak zien we alleen een sociale façade. Wanneer je meer aandacht schenkt aan kleine gebaren en micro-uitdrukkingen, zul je in veel gevallen de gevoelens achter het masker op het spoor komen. Werk je door de lagen heen. Vergeet niet dat jullie misschien niet dezelfde taal spreken, dus blijf je openstellen. Vertaalvaardigheid is van groot belang.

Om het je makkelijker te maken, zullen we het proces van kennismaken, daten en een relatie aangaan stap voor stap analyseren, met voor elke fase een heleboel tips en technieken.

2 Het geheim van liefde op het eerste gezicht

Voordat je leert hoe je effectieve signalen van liefde, lust en misschien-beginnen-met-een-drankje-en-dan-zal-ik-er-nog-eens-over-nadenken kunt interpreteren en uitzenden, is het belangrijk eerst goed te begrijpen wat jou om te beginnen aantrekkelijk kan maken in de ogen van een ander.

En wanneer je daarbij meteen aan dingen moet denken als 'een flinke voorgevel' of 'een dikke portemonnee', dan zal het je niet verbazen dat het daar inderdaad om kán gaan, maar in de meeste gevallen niet. Zo simpel is het leven namelijk niet, zelfs niet waar het om seks gaat.

Dus luidt de vraag: wat heb jij dat de een kan aantrekken, maar de ander kan afstoten? Welke factoren zullen je seksueel of emotioneel aantrekkelijk maken, of zelfs leiden tot liefde op het eerste gezicht? Wanneer je begrijpt welke van deze elementen ervoor zorgen dat een ander jou wel ziet zitten, heb je daar veel aan om je aanpak succesvoller te kunnen maken.

De geheimen van wat jou aantrekkelijk maakt voor anderen en anderen voor jou kunnen willekeurig en ondoorgrondelijk lijken. Desalniettemin is deze code best wel te kraken. Een groot deel van wat ons aantrekt of afstoot is gebaseerd op herhaalde patronen van vertroosting, liefde en seksualiteit die van jongs af aan bij ons zijn ingeprogrammeerd. En veel van deze patronen worden overgebracht middels lichaamstaal.

Wil je doorgronden wat in jou hopelijk een potentiële partner aantrekt, dan kun je dat niet beter aanpakken dan door na te gaan welke kwaliteiten jou in een ander aantrekken. Heb je wel eens iemand ontmoet voor wie je onmiddellijk viel? Heb je wel eens in een vol vertrek gestaan en je bijna lichamelijk tot een volslagen vreemde aangetrokken gevoeld? Heb je je wel eens afgevraagd waarom je geest en je lichaam juist die bepaalde persoon hadden uitgezocht? Was het liefde of lust – of allebei?

Misschien was deze persoon 'sociaal geschikt', iemand van wie de meeste mensen zouden zeggen dat hij/zij er goed uitziet. Je komt echter wel vaker goed uitziende mensen tegen, dus waarom nu die ene? Of misschien was de persoon in kwestie wel ronduit lelijk. Lichamelijke aantrekkelijkheid wordt immers niet altijd bepaald door het sociale 'ideaal'. Zelfs goede vrienden die in hun jonge jaren ogenschijnlijk eenzelfde smaak hebben op het gebied van mannen of vrouwen, vallen uiteindelijk vaak voor iemand die in de ogen van de rest van de groep volkomen onaantrekkelijk is.

Misschien heb je in je eigen leven, binnen je eigen vriendenkring, al wel eens te maken gehad met dergelijke verschillen in gedeelde seksuele smaak. Heb je je ooit genoodzaakt gezien je verrassing/afgrijzen/regelrechte weerzin te verhullen toen een vriend of vriendin die je goed dacht te kennen ineens bij je op de stoep stond met aan de arm een ontzettende griezel met bijbehorende persoonlijkheid? Is je ooit gevraagd: 'Wat vind je van hem?' en moest je toen opmerkingen inslikken als: 'Nou, als hij zijn neushaar een beetje zou bijknippen, zou ik hem misschien beter kunnen zien'? Punt is dat je vriendin deze man wél aantrekkelijk vindt, ook al vind jij dat niet. Wat betekent dat haar iets moet zijn opgevallen wat jij niet hebt gezien, omdat jij een andere levenservaring hebt dan zij. Die behaarde neusgaten die jij zo afstotelijk vindt, trekken haar misschien juist wel aan. Jazeker! Wie weet doen ze haar wel denken aan neusgaten die ze kent van vroeger en die haar *toen* zo aanstonden.

We kunnen stellen dat oppervlakkige aantrekkelijkheid wordt bepaald door sociale idealen op het vlak van uiterlijk en gedrag, maar wil je op een dieper niveau aantrekkelijk zijn voor een potentiële partner, dan zul je ook diepere lagen van dierlijk instinct en emotionele bagage moeten aanboren. Normen en waarden die te maken hebben met sociale aantrekkelijkheid zijn makkelijk te delen. Vandaar ook dat (ik noem maar een dwarsstraat) Brad Pitt of Halle Berry zo'n breed internationaal en multicultureel publiek aanspreekt. Een werkelijke, langdurige aantrekkelijkheid is daarentegen een persoonlijke zaak en er zijn ingewikkelde maatstaven voor. Jij hebt je eigen blauwdruk, en degene op wie je een oogje hebt heeft die ook.

Niveaus van aantrekkelijkheid

Met deze blauwdruk in gedachten moet je, wil je een zodanig effect op iemand hebben dat die het gevoel krijgt dat er zojuist een zware vrachtwagen in contact is gekomen met zijn of haar onderbuik – met andere woorden: wil je liefde op het eerste gezicht mogelijk maken –, die ander op vier cruciale niveaus aanspreken.

1   Het sociale/geconditioneerde niveau

De aantrekkingskracht van een stereotiep fraai uiterlijk – de Barbie/Ken-factor – is in de eerste plaats bepalend voor maatschappelijk succes. De vraag die zo iemand zich stelt terwijl hij of zij je aankijkt luidt: 'Zal deze persoon acceptabel zijn voor mijn vrienden/familie/vriendenkring?' Of zelfs: 'Zal mijn vriendenkring onder de indruk of jaloers zijn als ze zien met wat voor figuur ik nou weer kom aanzetten? Zal deze persoon míj acceptabeler maken?' Deze vragen worden ingegeven door het ego, door een verlangen de eigen sociale status te handhaven, te doen toenemen of te benadrukken door wat van de ander op de eigen persoon afstraalt.

Vrouwen hebben de neiging zich minder te laten leiden

door visuele indrukken dan mannen, en zullen dan ook aan het uiterlijk minder hoge eisen stellen. Hoe dat komt? Nou, omdat vrouwen optimistische make-overspecialisten zijn. Zij zijn de Mariska Hulschers van het relatieproces. Lijkt de man niet erg op het sociale ideaal of vormt hij in esthetisch opzicht een uitdaging, dan zal een vrouw nagaan wat zijn potentieel voor verandering en verbetering is; ongeveer zoals een huizenkoper in spe met renovatieplannen in het achterhoofd door een puinhoop heen kan kijken. Kan hij worden bijgewerkt en opgeschoond? Zou zijn appartement er met een nieuwe inrichting beter uitzien? Zou ze hem kunnen afleren met open mond te eten?

Mannen zijn vaker pessimisten op het visuele vlak. De vraag of een vrouw in sociaal opzicht onmiddellijk aantrekkelijk is, is voor hen een stuk belangrijker. De meeste mannen hebben veel minder flair voor nieuwe vormgeving en renovatie. Ziet een vrouw er goed uit, dan zal een man ervan uitgaan dat het niet beter kan worden. Als hij al iets denkt, vermoedt hij dat ze wel 'achteruit zal gaan' als hij eenmaal met haar is getrouwd. Mannen hebben vaak de gewoonte naar de moeder van de vrouw te kijken als ze willen weten wat in het verschiet ligt. Ze zien het somber in en stellen zich voor dat de vrouw, zodra ze aan de haak is geslagen, haar uitgroei niet meer zal bijwerken en dikkere dijen zal krijgen.

Ja, mannen gaan inderdaad naar de sportschool en werken aan hun figuur en jeugdige uiterlijk. Maar ergens hebben ze niet het idee dat ze, als ze dat niet zouden doen, per se hun kansen om als sexy en aantrekkelijk te worden beschouwd zouden verkleinen. Een kaal hoofd, een bierbuik en rimpels lijken op de een of andere manier nog steeds als 'aantrekkelijk' te gelden, zelfs op wereldwijde schaal. Denk maar eens aan Hollywood, waar mannen als Sean Connery, Jack Nicholson, Robert De Niro en zelfs Woody Allen soms nog steeds als begeerlijke heren worden gecast.

Ga je na wat volgens films, de media en reclamemakers de huidige voorbeelden zijn van het mannelijke seksuele 'ideaal', dan kom je onherroepelijk tot de conclusie dat mannen het vrouwelijke 'ideale' stereotype een stuk aantrekkelijker vinden dan vrouwen de 'volmaakte' man. Door de hele geschiedenis heen is het concept van de mannelijke 'ideale' fantasie in stand gebleven. Kennelijk zijn er altijd vrouwen geweest die in de ogen van de meeste mannen aantrekkelijk zijn louter en alleen vanwege hun fraaie uiterlijk, zonder dat hun intellect of persoonlijkheid een rol spelen.

Deze 'begeerlijke' vrouwen vormen een krachtig stereotype. Andere vrouwen zullen vaak proberen hun stijl na te bootsen, waarbij ze soms zelfs zover gaan dat ze hun lichaam verminken. Vaak heeft het oorspronkelijke stereotype haar 'algemeen wenselijke' trekken alleen maar weten te bereiken door vergelijkbare cosmetische operaties. Pamela Anderson heeft zich moeten laten opereren om Pamela Anderson te kunnen zijn, die vervolgens wordt gekopieerd door duizenden vrouwen die de Pamela Anderson-mix van een lichaam zonder een grammetje vet en een enorm grote boezem willen nabootsen. Zelfs voor de afmetingen en vormen van pornosterren geldt een stereotype. Een paar 'specialistische' uitzonderingen daargelaten zijn deze vrouwen in de regel overal uiterst bescheiden geschapen, op hun borsten na. De regel is dat ze geen ander lichaamsvet mogen hebben. Voor de mannelijke sterren daarentegen lijkt uithoudingsvermogen belangrijker dan lichaamsvorm.

Schoonheidswedstrijden voor vrouwen, zoals de Miss World-verkiezingen, kunnen alleen dankzij deze wereldwijde stereotypering plaatsvinden, waarbij men ervan uitgaat dat de aantrekkingskracht die vrouwen op mannen uitoefenen meetbaar is in termen van leeftijd, lengte en buste-, taille- en heupomvang. Wil een man een vrouw zodanig beschrijven dat andere mannen haar aantrekkelijk vinden, dan hoeft hij alleen maar te zeggen dat ze tussen de zestien en vijfentwintig jaar oud is en dat haar maten 90-60-90 of daaromtrent zijn. (Sommigen noemen zelfs de cupmaat om het beeld nog scherper te krijgen. Bij 75DD rollen de ogen van de andere mannen vast en zeker uit hun hoofd.) Vrouwen die de top bereiken als Hollywood-iconen zijn vaak ontzettend knap én bezitten een prachtig lichaam, zoals Halle Berry, Nicole Kidman en Jennifer Lopez.

Maar vrouwen zijn wat mannen betreft kennelijk minder gevoelig voor het veronderstelde verband tussen stereotiepe fraaie trekken en aantrekkelijkheid. Mannelijke iconen lopen qua leeftijd en uiterlijke verschijning sterk uiteen. Horen wij vrouwen iemand vertellen over een 'opgemeten' mannelijke schoonheid, dan zullen we daar eerder om moeten lachen dan dat we ons verlekkeren. Echt mooie mannen, zoals Johnny Depp of Jude Law, spelen bijna altijd rollen die 'tegen hun type in' zijn gecast – ze spelen bijvoorbeeld gevaarlijke psychopaten of malloten – om de valstrik van een begeerlijk beeld te vermijden en om vrouwen zodoende te ontmoedigen.

Mannen die het beeld van stoere kerel willen neerzetten, zoals Schwarzenegger, Stallone en Segal, zijn eerder voor 'mannelijke' avonturenfilms gecast dan voor erotische films voor vrouwen. Dit ontbreken van een 'meetbaar mannelijk' icoon is waarschijnlijk de reden dat er zo weinig op vrouwen gerichte porno bestaat. Sla een willekeurig mannenblad in de kiosk open, en je ziet steevast een hele parade superslanke lichamen en grote borsten. Als je een vergelijkbare succesformule voor vrouwenbladen zou willen bedenken, zou je algauw met je handen in het haar zitten.

Met het scenario van 'sociaal ideaal' in het achterhoofd kunnen we nu de vraag stellen waarom er nog steeds wordt gedacht dat vrouwen opgewonden zouden raken van ouwe slonzige kerels.

Maar weten we eigenlijk wel zeker dat het met mannen zo anders is gesteld? Wanneer hebben mannen nou een vrouwelijk seksicoon gepresenteerd gekregen dat níét in de stereotiepe mal paste? Misschien is het wel de schuld van de film- en reclamemakers. Wie weet smachten mannen er in werkelijkheid wel naar om op het witte doek te zien hoe een struise, grijsharige oudere vrouw met rimpels die lekkere schat van een Brad Pitt verleidt. Misschien zouden dezelfde bobo's die in een film Connery naast Zeta-Jones hebben gecast er ook best wel eentje willen maken waarin Judi Dench het doet met Leonardo Di Caprio zonder dat er een vuiltje aan de lucht is.

In de open opstelling van vrouwen tegenover het uiterlijk van mannen lijkt echter iets te gaan veranderen. Er verschijnen steeds meer mannenbladen die zijn gericht op lichaamsverzorging en gezondheid. Vrouwen verwachten tegenwoordig van mannen een zekere lichamelijke volmaaktheid die lijkt op de volmaaktheid die van henzelf wordt verwacht. Een frisse, jonge huid en een strakke buik worden steeds meer norm in plaats van uitzondering.

Homoseksuele mannen staan er van oudsher om bekend dat ze meer tijd en moeite investeren om er goed uit te zien dan heteroseksuele mannen. En wat is daarvan het resultaat? Een fit ogend, goedgeproportioneerd stereotype wiens doel (evenals dat van heterovrouwen) is om andere mannen te behagen.

En vergeet als het om uiterlijk gaat ook niet dat het nodig kan zijn een enigszins aangepast visueel beeld neer te zetten als je in het datingcircuit je zinnen hebt gezet op een niet uit te bannen type: dat van de narcistische partner.

Voor de meeste mensen geldt dat ze zich aangetrokken voelen tot mensen die op henzelf lijken, maar de narcist heeft een nog striktere agenda: hij/zij ziet een spiegelbeeld en wordt daar meteen verliefd op. Ik hoef je niet te vertellen dat daar een overmaat aan eigenliefde aan ten grondslag ligt. (Maar goed, dat is weer eens iets anders dan paranoia en gebrek aan zelfrespect.) Kijk maar eens naar sommige beroemde stellen, en wat zie je? Erwten in een peul. Ze nemen elkaars maniertjes over, ze dragen hetzelfde soort kleren, ze hebben eenzelfde kapsel, en ze gaan eruitzien alsof er bij hen aan dezelfde touwtjes wordt getrokken. Beroemde gelijkvormige stellen zijn of waren in dit opzicht:

- Posh en Becks (zelfde kleren en smaak in sieraden).
- Brad Pitt en Gwyneth Paltrow (hetzelfde kapsel).
- Michael Douglas en Catherina Zeta-Jones (dezelfde koninklijke uitstraling).
- Liz Hurley en Hugh Grant (dezelfde gelaatstrekken en houding).

Waarom is het zo aantrekkelijk om er hetzelfde uit te zien? Nou, daar kunnen vele redenen voor zijn.

Lichamelijke overeenkomsten worden algauw vertaald in geestelijke overeenkomsten. Ook hier geldt: wat bekend is, is troostrijk. Als je er hetzelfde uitziet en je hetzelfde gedraagt, kan dat empathie bespoedigen. Je hebt het gevoel dat je de ander al kent. Je gaat al snel denken dat je op alle vlakken eenzelfde smaak hebt, ook op het gebied van seks.

Ook kunnen, zoals we hierboven al opmerkten, gelijken elkaar aantrekken als de ene 'gelijke' wat al te zeer op zichzelf is gesteld. Je kunt aantrekkelijk voor zo iemand zijn omdat je als een extra lichaam voor hem of haar fungeert. Wanneer hij of zij jou in de ogen kijkt en jouw lichaam bewondert, is dat net zoiets als in de spiegel kijken…

Wederzijdse aantrekkingskracht en het 'sociale' ideaal hebben nog een ander intrigerend aspect. Het is een feit dat sommige mensen er beter uitzien dan andere, en in theorie zou dat kunnen betekenen dat de knappen de aarde zullen beërven en de lelijkerds partnerloos door het leven moeten.

Maar zo is het niet.

Wanneer we om ons heen kijken naar een partner, zoeken we vaak iemand uit die ongeveer even aantrekkelijk is als wijzelf. Nu denk je misschien dat we ons daarmee bereid tonen voor tweede keus te gaan, maar dat is lang niet altijd het geval. De natuur dwingt ons er vaak toe naar deze visuele *soulmates* te zoeken en om aan hen de voorkeur te geven boven hun knappere vrienden en vriendinnen. Een rij mannelijke of vrouwelijke supermodellen spreekt misschien wel ons esthetisch gevoel aan, zoals een kunstwerk dat ook kan doen, maar we hoeven die mensen niet ook actief aantrekkelijk te vinden. Misschien raken ze bij ons wel helemaal niet de juiste snaar.

Een kwestie van zure druiven? Wie weet. Het kan zijn dat jouw doorsnee-supermodel om redenen die voor zich spreken (hij of zij vindt gewone stervelingen ongeveer even aantrekkelijk als gebruikt toiletpapier en neemt daarom niet de moeite wat voor flirtsignalen dan ook uit te zenden) het verkeerde soort lichaamstaalsignalen uitzendt, waardoor zo iemand in levenden lijve 'niet-aantrekkelijk' zal zijn. Of je logische geest plakt ze bij wijze van waarschuwing het etiket *niet-aantrekkelijk* op, met de achterliggende boodschap: 'Zou je ertegen kunnen als Jan en alleman zich óók tot deze persoon aangetrokken zou voelen? Hoe lang zou je je in zo'n competitie staande kunnen houden?'

Behoort het tot de patronen uit je jeugd om in het middelpunt van de belangstelling te staan, dan kun je zo iemand ook als 'niet-aantrekkelijk' ervaren omdat je er niet tegen kunt zelf op de tweede plaats te komen. Misschien ben je er wel aan gewend zelf overal de knapste te zijn. En dat kan wel eens de manier zijn waarop jij het het liefst wilt hebben, en houden. Door te daten met iemand die mooier is, kun je het gevoel krijgen dat er aan jouw knapheid wordt afgedaan. Dus zoek je iemand uit van wie jij vindt dat die qua uiterlijk met jou op één lijn zit. Dat kan de reden zijn waarom een ander je belangstelling wekt, met als logisch gevolg dat je de eerste stap zet om op zo iemand af te gaan.

Dus om een 'sociale' match aan te trekken, zul je jezelf zodanig moeten presenteren dat je een sterke visuele indruk maakt zowel op je partner als op zijn of haar sociale omgeving. Dat houdt in dat je qua uiterlijk bij hem of haar in de buurt moet komen – even knap moet zijn – of zelfs moet zorgen dat je er vergelijkbaar uitziet. En wanneer je een man bent, zul je je meer aan uiterlijk gelegen laten liggen dan wanneer je een vrouw bent.

2 Evolutionair/genetisch niveau

Een ander belangrijk criterium voor aantrekkelijkheid versus niet-aantrekkelijkheid is voor de meeste mensen de vraag: 'Zal deze persoon me gezond nageslacht kunnen geven?'

Het moge duidelijk zijn dat het verlangen om te paren een sterke drang is. We hebben seks om ons contact met een ander te verdiepen, voor de lol en om ons voort te planten (of misschien zelfs wel om de kost te verdienen, als dat jouw idee van een carrière is). Je potentiële partner zal jou beoordelen op deze punten, ook al is de laatste optie op bewust niveau onwaarschijnlijk of weinig populair. Je zult worden beoordeeld op tekenen van een goede gezondheid en voortplantingspotentieel (behalve als het om relaties gaat die alleen bedoeld zijn voor de seks).

De ander zal ook willen weten of je op een zeer persoonlijke manier seksueel aantrekkelijk bent. Wordt hij/zij opgewonden van je? Zul je bereid zijn seks te bedrijven op de manier waaraan hij/zij de voorkeur geeft? Weet je hem/haar te prikkelen op manieren die veel verder gaan dan sociale aantrekkelijkheid?

Op dit punt neemt het belang van sociale factoren af. Wanneer we ons gaan bezighouden met de serieuze kwesties van paring en voortplanting, zijn we ons er meestal wel van bewust dat we ons op zeker moment zullen afwenden van onze groep en ons als duo zullen afzonderen. Daarom zal het antwoord op de vraag of de groep onze keus zal goedkeuren of niet, ons in de meeste gevallen uiteindelijk niet veel kunnen schelen als wij persoonlijk niet echt seksueel opgewonden kunnen raken van de partner die we hebben gekozen. En op termijn kan dit probleem alleen maar erger worden.

Je eerste seksuele belangstelling of prikkeling zal in je onderbewuste krachtige sporen hebben nagelaten. Tot wie of wat voelde je je voor het eerst aangetrokken? (Ik zeg 'wat', omdat ik zelf in mijn troebele jeugdjaren een beetje verliefd was op een van de poppen van de *Thunderbirds*, wat in elk geval een deel van de relatieproblemen in mijn latere leven zou kunnen verklaren.) Deze vroege roerselen kunnen voor de rest van je leven je smaak bepalen.

Voorts is er de kwestie van zintuiglijk bewustzijn en zintuiglijke aantrekkingskracht. Het is belangrijk in de smaak te vallen van de reukzin van je toekomstige partner. De reukzin, de tastzin, het gehoor, de smaak en het zien kunnen door een partner allemaal gestimuleerd worden, maar bij de meeste mensen is één zintuig dominant. Dit dominante zintuig is een krachtige *trigger* wanneer het gaat om je vermogen aantrekkelijk te zijn voor anderen en om zelf anderen aan te trekken.

Je komt er als volgt achter wat jouw dominante zintuig is. Sluit je ogen en ontspan je. Zet alle gedachten van je af en denk vervolgens terug aan een gelukkig moment uit je jeugd. Beleef in gedachten dit moment opnieuw. Open vervolgens je ogen en beschrijf de herinnering voor jezelf. Let daarbij op welk zintuig het meest verantwoordelijk was voor het prettige gevoel. *Zag* je geel zand en de zon die glinsterde op de golven van de zee? *Hoorde* je meeuwen krijsen of kinderen lachen? *Voelde* je de zon op je gezicht of het warme zand tussen je tenen? *Rook* je bloemengeuren? *Proefde* je de suikerspin of het ijsje?

Grote kans dat het zintuig dat uit je herinnering het sterkst naar voren treedt het zintuig is dat bij jou domineert. Dit dient geprikkeld te worden wil je iemand echt aantrekkelijk vinden, of wil iemand zich tot jou aangetrokken voelen.

Het is heel goed mogelijk dat een van de volgende factoren bij jou bepalend is voor de aantrekkingskracht.

- *Auditieve:* de klankkleur van je stem.
- *Visuele:* de kleuren en de kleren die je kiest om te dragen.
- *Tactiele:* hoe je huid en lichaam aanvoelen; de stevigheid van je vlees en de vorm van je lichaam.
- *Olfactorische:* hoe je lichaam en haar ruiken, en het parfum of geurtje dat je gebruikt.

Om een qua evolutionair niveau bij jou passende partner aan te trekken, kan het nodig zijn te laten zien dat je beschikt over een goede gezondheid (een frisse, rozige huid, een goed gebit, glanzend haar enzovoort), fitheid en seksualiteit. Je sensuele signalen – de manier waarop je je beweegt, de ander aanraakt en flirt – zullen allemaal een seksuele uitstraling creëren die een toekomstige partner kan aantrekken of afstoten.

3 Emotioneel niveau

We zijn bij een nieuwe relatie allemaal op zoek naar emotionele impulsen. Dit zijn de beloningen en vertroostingen die we putten uit gesprekken en gedrag. In een seksuele relatie zal de sleutelvraag zijn: 'Maak jij deze persoon gelukkig (of ongelukkig, afhankelijk van de vertrouwde patronen uit zijn/haar jeugd)?'

Hoe is daarachter te komen? Nou, vaak door aan te sluiten bij herhaalde patronen van liefde, vertroosting en emotie die in de jeugd zijn ontstaan. Deze patronen liggen opgesloten in de diepste lagen van het onderbewuste, soms zo diep dat we ons van het bestaan ervan in de verste verte niet bewust zijn. Het bewuste brein wordt geregeld met stomheid geslagen wanneer ze naar boven komen en een leidraad blijken te zijn bij beslissingen en keuzes. De patronen zijn de weerslag van herinneringen en gedragingen, en vormen een vaak overduidelijke poging om de geesten uit het verleden te herscheppen en er de toekomst op te baseren.

Deze schimmige echo's kunnen de grondslag vormen voor

vertekende aannames over successen uit het verleden. In een poging om opnieuw vertroosting te vinden of patronen van liefde te herhalen, zoeken mensen niet zelden naar wat hun vertrouwd is, ook wanneer dat relatiepatroon sterk disfunctioneel was, hetgeen vaak de reden is waarom iemand telkens weer een relatie krijgt met een alcoholist of iemand met losse handjes. Elke keer dat deze mensen een gevaarlijke en verkeerde relatie achter zich laten, bezweren ze dat ze dezelfde fout nooit meer zullen maken, maar dat gebeurt dan toch.

Patronen uit het verleden zijn moeilijk te onderdrukken, omdat ze op onlogische wijze verband houden met vertroosting en liefde. Je ziet altijd dingen die je herkent en loopt blind bekende paden af zonder veel vragen te stellen. Vertrouwdheid kan tot verachting leiden, maar ook tot domme verdraagzaamheid.

Een voorbeeld. Je bent op reis herhaalde malen verdwaald. De gevolgen hiervan kunnen sterk lijken op wat er gebeurt wanneer mensen kiezen voor disfunctionele levenspatronen. Als je na de eerste keer verdwalen toch weer dezelfde fout maakt, zit het er dik in dat je dezelfde verkeerde afslag hebt genomen, omdat je brein je voorhield dat de wegen er bekend uitzagen. Je wist niet of een bepaalde weg goed of fout was, maar alleen dat je er eerder was geweest.

Deze 'vertrouwdheid met het verleden' is hetzelfde gevoel dat ons ertoe kan aanzetten om voor een bepaalde partner te kiezen, of die als aantrekkelijk te ervaren. Het is alsof de blauwdruk van de 'ideale' man of vrouw in onze hersens is gegrift voordat we er logische vragen bij hebben kunnen stellen. Dit beeld kan dan vervolgens als 'normaal' gaan gelden. Bepaalde eigenschappen zullen je altijd sterk aantrekken, ook al houdt je bewuste brein je voor dat de oppervlakkige aantrekkingskracht minimaal is of zelfs niet eens bestaat.

Onderschat de kracht van het onderbewuste niet. Wanneer het bewuste en het onderbewuste met elkaar in conflict zijn,

wint het onderbewuste altijd. Vandaar dat bepaalde lichamelijke trekken je wel onbewust aanspreken, maar bewust niet. Je
legt bijvoorbeeld bij een vrouw een verband tussen brede heupen of mollige knieën, of bij een man tussen een bierbuik of
een grote neus, en een gevoel van vertroosting, veiligheid en
liefde als die trekken je vanuit je verleden bekend zijn.

Dit zijn dan dingen die je later in seksueel opzicht aanspreken, maar ze stammen uit je jeugd. Er bestaan visuele triggers
en gebeurtenissen die we associëren met seksuele prikkeling
en/of patronen van liefde of veiligheid. Je kunt je aangetrokken voelen tot iemand die op een van je ouders lijkt, of zelfs tot
iemand die heel veel op jouzelf lijkt, in welk geval deze factoren een gevoel van veiligheid bij je zullen oproepen. Maar als
je juist door gevoelens van onveiligheid wordt geprikkeld, als
je in een seksuele relatie de voorkeur geeft aan angst en gevaar,
dan kun je je aangetrokken voelen tot iemand die eruitziet en
zich gedraagt op een manier die jou volstrekt vreemd is.

Houdt dit in dat je eruit moet zien als zijn/haar moeder of
vader om aantrekkelijk gevonden te worden? Nee, niet per se,
– hoewel dat bij nader inzien in sommige gevallen nog niet
eens zo gek zou zijn. Maar wie weet is je potentiële partner wel
stiekem uit op iemand die totaal niet voldoet aan de normen
en waarden van zijn/haar ouders, op een 'moederschokker', die
geheid een negatieve reactie oproept in het ouderlijk huis, of
dat nu is vanwege een navelpiercing, een transseksuele outfit of
het feit dat die partner taal uitslaat als een viswijf. Hét moment
voor de moederschokker is het moment waarop de nieuwe
partner wordt meegetroond naar de voorstedelijke bungalow
om een kopje thee te gaan drinken. Je hoeft geen psychologie
gestudeerd te hebben om te begrijpen dat dit de daad is van het
rebelse kind dat diep – of misschien helemaal niet zo diep –
onder de oppervlakte begraven ligt en er nu op uit is de ouder
af te straffen. Dit is niet de beste soort verhouding om je in te
begeven, zeker niet als je op zoek bent naar een veilige, langdu-

rige relatie. Je partner in spe kan je gebruiken als weinig meer dan de dichtstbijzijnde stok om zijn/haar ouders mee te slaan. Door voor jou te kiezen, kan deze persoon aanvankelijk euforisch zijn en zich bevrijd voelen van de knellende banden uit zijn of haar jeugd. Dus als je wilt worden gebruikt als levende therapie, ga dan vooral je gang.

Wil je iemand op dit emotionele niveau naar je toe trekken, dan zul je moeten laten zien dat bij jou patronen uit de jeugd van de ander herhaald kunnen worden. Deze verbanden zijn complex en moeilijk te stimuleren. Maar naarmate je de ander beter leert kennen, komen er vanzelf wel aanwijzingen voor diepgewortelde emotionele behoeften naar boven. Reageer daar op passende wijze op (zolang je het tenminste geen probleem vindt om je eigen gedrag eraan aan te passen), en jullie zullen een prima stel kunnen worden.

4 Logisch/intellectueel niveau

Hier gaat het om de droge, ouwe chagrijnige stem van de rede en objectiviteit die streeft naar orde en rust op momenten dat je overschakelt naar een hogere emotionele versnelling. Je bent uit op intellectuele en financiële overeenstemming. Ben je een vrouw, dan kan deze stem zoeken naar iemand die je financiële zekerheid kan bieden. Hij zal je waarschuwen voor factoren als burgerlijke staat en lichamelijke nabijheid. Bijvoorbeeld: 'Hij is getrouwd en woont aan de andere kant van de wereld.' Deze stem evalueert potentieel succes op basis van statistiek en logica (hoewel hij de neiging heeft minder assertief te worden bij elk alcoholisch drankje dat je naar binnen slaat).

Staat wat je ziet je op het eerste gezicht aan, dan zul je ertoe overgaan inlichtingen in te winnen over de meer praktische kanten van een verbintenis. Is de ander getrouwd of alleenstaand? Wat is zijn/haar achtergond? Wat voor relatiegeschiedenis heeft deze persoon? Waar woont hij/zij? Wat voor soort werk doet hij/zij? In wat voor auto rijdt hij/zij? Woont die persoon soms nog bij zijn ouders? Rijdt hij/zij op een driewieler en heeft hij/zij nog nooit een date gehad, dan hoef je nog steeds niet af te haken als de sociale en/of evolutionaire en instinctieve responsen krachtig zijn en een hoge score halen.

Vrouwen kunnen zich aangetrokken voelen tot luxe en macht. Dat kun je zien als een blijk van logica. De vrouw kan het gevoel hebben dat een machtig en/of rijk man beter voor haar en haar kroost zal kunnen zorgen dan een knappe man zonder geld. Ziet een man er goed uit én is hij machtig en/of rijk, dan houdt haar logische brein haar misschien wel voor dat die combinatie wat al te verleidelijk zou zijn voor andere vrouwen. Is hij machtig maar niet knap, dan weet ze haar beschermer misschien wél zo lang aan zich te binden als zij wil.

Maar is het idee dat een vrouw bescherming nodig zou hebben van een sterke man tegenwoordig niet enigszins achterhaald? Je zou toch zeggen dat macht als erotiserend middel vandaag de dag in elk geval niet meer met sekse zou mogen samenhangen of verdrongen zou zijn door uiterlijk. Machtige vrouwen zouden immers net zo goed aantrekkelijk gevonden kunnen worden door mannen. Maar is dat ook echt gebeurd?

Dat met name vrouwen bescherming nodig zouden hebben is in de moderne samenleving inderdaad een achterhaalde gedachte. Het enige scenario waarbij 'macht' nog steeds een factor is, is op de werkplek, waar de man-vrouwrelatie tussen baas en werknemer nog steeds volop bestaat, en ook nog steeds is gebaseerd op de aantrekkingskracht van macht in plaats van die van uiterlijk.

Trekt vrouwelijke macht in het werkplekscenario mannelijke ondergeschikten op dezelfde manier aan? Helaas kan op die vraag nog geen bevestigend antwoord worden gegeven. Steeds meer vrouwen bekleden hoge functies, maar nog altijd voornamelijk op gebieden waarop ze van oudsher toch al sterk aanwezig waren. Maar als machtige vrouwelijke bazen ondergeschikte mannen zouden prikkelen, zouden deze zelfde vrouwen zich dan aangetrokken voelen tot 'lagere' partners? Of zouden ze de voorkeur geven aan een partner van gelijke of hogere status?

Madonna is een voorbeeld van een machtige vrouw die mannen aantrekkelijk vinden. Veel van haar vroegere relaties waren van het 'neerwaartse' soort. Haar huwelijk met Sean Penn was bijna gelijkwaardig, hoewel duidelijk was dat hun bruiloft nooit zoveel mediabelangstelling had kunnen krijgen als Sean Penn met iemand anders was getrouwd. Madonna's status was in dat huwelijk veruit superieur. Haar huwelijk met Guy Ritchie is ook interessant. Ook hierin heeft Madonna meer status, hoewel Guy superieur aan haar kan lijken op het gebied waarop zij zich kennelijk meer wil gaan begeven, namelijk in de filmwereld. Een ander aspect van deze verbintenis is dat ze er allebei goed uitzien, zodat een onbalans op het vlak van macht kan worden gecompenseerd door sociale aantrekkelijkheid.

Maar we moeten ook rekening houden met het punt van 'sociale macht'. Sommige mensen hebben de neiging om in elke sociale groep waarin ze zich bevinden de boventoon te voeren. Als die dominantie iets natuurlijks is, en de persoon in kwestie niet de leiding neemt door te koeioneren, vervelend te doen of arrogant gedrag te vertonen, dan kun je deze sociale vaardigheid 'charisma' noemen. Charisma is bij zowel mannen als vrouwen een uiterst aantrekkelijke eigenschap.

Kijk naar een willekeurige groep mensen en je ziet al snel wie de natuurlijke leider is. Dit leiderschap hoeft geen constante te zijn; er kan sprake zijn van een eb-en-vloedbeweging, afhankelijk van nieuwe personen die zich bij de groep voegen. Is de groep om zakelijke redenen bijeen, dan zal de 'leider' normaal gesproken worden gekozen op grond van rang en status, in plaats van op grond van sociale vaardigheden. Maar zelfs in een dergelijke groep kan een meer natuurlijke leider naar voren treden. Mensen luisteren wanneer zo iemand het woord neemt en stemmen met deze persoon in; de rest van de groep heeft voor hem of haar een natuurlijk respect. Wanneer er een mening moet worden gegeven of een beslissing moet worden genomen, wenden de anderen zich tot deze figuur om te horen wat die erover te vertellen heeft. Zo'n leider hoeft niet zijn of haar best te doen om aandacht te krijgen, zoals minder charismatische types.

Wil je erachter komen wie binnen een groep de natuurlijke leider is, let dan op lichaamstaal. Wanneer de leider iets zegt, draaien de anderen hun hoofd naar hem toe om te luisteren, wat erop duidt dat ze een en al aandacht zijn. Een leider zal ook de aanzet geven tot een verandering van houding; ga maar eens na wie zich in een groep het eerst beweegt en hoe de rest zich daarbij aansluit. Deze natuurlijke sociale dominantie kan erg aantrekkelijk zijn (wat ook de reden is waarom er verderop in dit boek aandacht aan wordt besteed).

Een ander element van 'leiderschapscharisma' is dat het ontzettend prettig voelt om degene te zijn die deze positie bekleedt. Dat is ook de reden waarom veel vrouwen lichaamstaalvaardigheden gebruiken om dit gevoel bij hun man te stimuleren. Kijk maar eens goed naar sommige vrouwelijke partners in een sociale situatie: als de man iets zegt, schenken ze hem hun onverdeelde aandacht en stellen ze zich op als het ideale publiek, al bestaat dat dan uit maar één persoon. Deze Nancy Reagan-benadering is uitermate vleiend voor de man en werkt goed. Niet alleen omdat aandacht het ego streelt, maar ook omdat die een signaal is in de sociale structuur. De gebaren van de vrouw geven te kennen dat deze man een goede groepsleider zou zijn, hetgeen stimulerend werkt. Het is wel opvallend dat mannen zich zelden zo opstellen tegenover vrouwen.

Anderzijds: als er minder muziek in een relatie zit, kan de manier waarop de ene partner de andere benadert in sociaal opzicht iets verlagends hebben. Wanneer de een iets zegt, wil de ander daar meteen de eigen visie tegenover stellen, kijkt ongeïnteresseerd of voelt zich geroepen 'iets recht te zetten'. Dergelijk gedrag trekt niet aan, maar leidt geheid tot ruzie, of – als het nog steeds is bedoeld als factor van seksuele aantrekkingskracht – tot een dusdanige verlaging van het zelfrespect van de partner dat die de ander dankbaar zal zijn dat hij/zij ook maar bereid is bij hem/haar te blijven.

Kortom, om op logisch niveau aantrekkelijk te zijn, zul je moeten laten zien dat je beschikt over een mate van macht, status en/of rijkdom die aansluit bij de behoeften van de ander.

Doelstellingen die bij elkaar aansluiten

Welke andere factoren kunnen je aantrekkelijk maken voor een potentiële partner? Liefde op het eerste gezicht is allemaal prima als dat het soort liefde is waar jij en je potentiële partner naar op zoek zijn, maar stel nou dat je uit bent op een oppervlakkiger relatie, meer 'iets voor de lol'? Een ander aspect van de vraag of jullie bij een eerste ontmoeting iets voor elkaar zouden kunnen betekenen is of jullie relationele doelstellingen op elkaar aansluiten.

Wat voor doel heb je voor ogen als je iemand wilt aantrekken? Zoek je naar een partner voor het leven, of voor maar één nacht te gekke seks? Wil je iemand mee naar huis nemen om hem/haar aan je moeder voor te stellen, of zoek je iemand over wie al je vrienden wild aan het fantaseren slaan?

Bij een eerste ontmoeting kan lichaamstaal aanwijzingen geven of jullie doelstellingen bij elkaar passen of niet. Aangezien tijd kostbaar is en het moderne leven ons gebiedt zo min mogelijk tijd te verspillen, zijn signalen die op intenties wijzen heel belangrijk geworden. Sommige mensen gebruiken ze zelfs als middel om een doel te bereiken. Ze doen bijvoorbeeld of ze op zoek zijn naar liefde, terwijl ze in werkelijkheid alleen maar even lekker willen rollebollen en naderhand geen gedoe willen voor het geval hun man of vrouw erachter komt. Maar over het algemeen wordt er tegenwoordig, nu maagdelijkheid en trouwen minder belangrijke issues zijn, een stuk vrijer omgegaan met gebaren die intenties prijsgeven. Door er een open oog voor te ontwikkelen kun je bij de zoektocht naar een partner dan ook efficiënt te werk gaan.

We zijn geneigd de signalen die we uitzenden aan te passen aan het soort relatie waar we naar op zoek zijn en dat kan wel eens totaal verkeerd uitpakken. Vaak is het dan een kwestie van op het verkeerde moment de juiste persoon op de juiste plek zijn. Je kunt je ideale liefde voor de lange termijn tegenkomen op een moment dat je aangeeft uit te zijn op een avondje vrijblijvende seks. Je kunt je flirtsignalen er zo dik bovenop leggen dat de potentiële liefde van je leven de moed in de schoenen zinkt, omdat hij/zij daardoor de boodschap krijgt dat jij wat al te bereidwillig bent, en dus niet het soort partner dat hij/zij voor ogen heeft om zich mee te settelen. Het is soms helemaal niet zo'n verkeerd idee om een visitekaartje achter te laten, zodat jullie contact met elkaar kunnen opnemen wanneer jullie relationele doelstellingen meer overeenkomst vertonen.

Je hebt nu gelezen wat het geheim is van de aantrekkingskracht tussen mensen.

En liefde op het eerste gezicht? Hoe gaat dat bijzondere fenomeen in zijn werk?

Heel simpel: je vormt een ideaal stel als alle niveaus compatibel lijken en je dus beiden de verpersoonlijking bent van elkaars droomdate. Als je visueel en onmiddellijk 'goed' scoort op alle niveaus van aantrekkelijkheid die de ander er voor zichzelf op na houdt, zit je gebeiteld. Heeft het uiterlijk van de ander hetzelfde effect op jou, dan zal je gedrag die onmiddelijke aantrekkingskracht bevestigen, en – tada! – dan is er sprake van liefde op het eerste gezicht.

3 De eerste indruk: zo maak je jezelf acuut onweerstaanbaar

Hoe kun je, wetende welke factoren een rol spelen bij aantrekkelijkheid, een café of club binnenkomen en terstond aantrekkelijk zijn voor iedereen die jij leuk vindt? Nou, helaas is het antwoord op die vraag dat dat je waarschijnlijk niet zal lukken. Maar heel weinig mensen slagen erin acuut onweerstaanbaar te zijn voor *iedereen* om hen heen. Zoals we in het vorige hoofdstuk al zagen, moet je om een goed stel met iemand te vormen op een specifieke manier je doelwit bespelen, want voor langdurige verbintenissen is vaak een unieke mix van aantrekkingsfactoren nodig.

Natuurlijk kun je wél werken aan je vermogen om een breder publiek aan te spreken en jezelf in algemene zin aantrekkelijk te maken. Het geheim schuilt in de manier waarop je jezelf presenteert aan de aanwezigen in het algemeen en in de 'eerstebliksignalen' die je uitzendt.

Zoals een baby zijn instinctieve overlevingstactieken te hulp roept, zo moet ook jij om succes te hebben eerst iemands aandacht zien te trekken en daarna zorgen dat je die persoon aanspreekt. Daarvoor dien je kennis te nemen van de wetenschap van de 'eerste indruk', die in slechts drie seconden totstandkomt, de tijd die nodig is om in deze snelle moderne maatschappij een ander te taxeren. Het grootste gedeelte van die indruk is gebaseerd op wat we zien. De stemmodulatie kan ook meespelen, maar we vormen ons vooral een oordeel op grond van zaken als gezichtsuitdrukking en lichaamsbeweging.

Wanneer we een eerste blik werpen op een ander, gaan we aan de hand van onze evolutionaire programmering na of die persoon een mogelijke bedreiging voor ons vormt. Op basis van de uitslag van deze 'vlucht-of-vechtcheck' kunnen we besluiten of we al dan niet contact willen met die persoon. In een alarmerend korte tijdsspanne hebben we voor onszelf uitgemaakt of iemand in staat is onze seksuele belangstelling te wekken. Is het antwoord nee, dan wordt de persoon in kwestie ingedeeld in de categorie die we *delete* zullen noemen.

Allereerst moet je de blik van de ander zien te vangen, en vervolgens moet je zorgen dat je niet op diens *delete*-lijst terechtkomt. Maar zelfs dan staat nog lang niet vast of er ook echt contact gaat plaatsvinden.

Opgemerkt worden

Mensen met een grote sociale aantrekkelijkheid scoren goed op dit punt, omdat hun visuele appeal de meeste blikken naar zich toe zal trekken.

Charisma is een andere manier om positieve aandacht te wekken. Charismatische mensen stralen zelfvertrouwen en belangstelling voor hun omgeving uit.

Seksualiteit trekt eveneens aandacht. Zelfs niet erg aantrekkelijke mensen kunnen gebruikmaken van seksueel expliciete kleding of sensuele lichaamsbewegingen om de aandacht te trekken.

Ook macht, roem en status trekken aan. Mensen die 'bekend' zijn of die dankzij hun status een groep domineren, zullen in de regel onmiddellijk aandacht krijgen.

Is niets van het bovenstaande op jou van toepassing, dan kun je je toevlucht nemen tot meer jeugdige methodes om aandacht te trekken, zoals hard, bulderend lachen, of koortsachtig gebaren; of je begeeft je op gladder ijs en kleedt je of gedraagt je op een manier die aangeeft dat je makkelijk te krijgen bent. Dergelijke tactieken kunnen je aandacht opleveren, maar vergeet niet dat je aandacht probeert te trekken om de *juiste* redenen.

De eerste indruk heeft veel weg van een sollicitatiegesprek. Je vaardigheden, je gedrag, je intellect en je persoonlijkheid kunnen nog zo subtiel zijn, de meeste van deze verborgen diepten komen pas later aan bod, wanneer je de baan al hebt gekregen. Ondertussen kun je jezelf uit de markt prijzen door de verkeerde das te dragen of door op een malle manier te gaan zitten.

Bij het eerste-indrukscenario moet je ervoor zorgen voldoende van het juiste soort impact te krijgen op de man/vrouw tot wie je je aangetrokken voelt. Alleen zo zul je de eerste aftastbewegingen kunnen voelen waaruit blijkt dat die aantrekkingskracht wederzijds is, of, zoals een boekje uit de Bouquetreeks het zou noemen 'de eerste roerselen van verlangen aanwezig zijn'. Op dit punt zullen je vaardigheden vrij algemeen moeten zijn, maar het is niet zo moeilijk je kansen om aantrekkelijk gevonden te worden te verdubbelen middels een paar eenvoudige trucjes, die verderop in dit hoofdstuk aan de orde komen. Zonder deze technieken loop je het gevaar acuut *gedeletet* te worden.

Delete-gevallen

Wanneer we bij een sociale gelegenheid op zoek zijn naar een partner, kijken we snel het vertrek door of we mogelijke doelwitten zien. Zelfs wanneer we niet actief op jacht zijn, of wanneer we ons in niet-sociale situaties bevinden, zoals op het werk, houden we toch onbewust onze ogen open.

Soms hoeven we maar even om ons heen te kijken of we hebben al gezien hoe de zaken ervoor staan en diegenen gediskwalificeerd die niet als toekomstige partner in aanmerking komen. Dit zijn de mensen die naar onze smaak te oud of te jong zijn, die te klein zijn of tot de verkeerde seksuele groep behoren, enzovoort. Aanvankelijk zullen we ons bewust zijn van hun aanwezigheid en algemeen niet-seksueel potentieel, maar dat is dan ook alles. Vrouwen klagen geregeld dat ze naarmate ze ouder worden steeds vaker tussen de delete-gevallen terechtkomen. Velen menen dat ze zo goed als onzichtbaar zijn geworden wanneer hun uiterlijk niet meer is wat het ooit was.

Maar hoe ouder we worden, hoe minder kieskeurig en hoe opener we vaak zijn, en hoe groter de kans dat we niet alleen meer op eerste indrukken afgaan, of de ander nou overeenkomt met ons ideaalbeeld of niet. Dit heeft wellicht niet zozeer te maken met nieuwverworven rijpheid als wel domweg met een gebrek aan keuzemogelijkheden. Hoe ouder je wordt, hoe meer potentiële partners ten prooi vallen aan het huwelijk of aan Magere Hein. Alleen piepjonge mensen kunnen het zich permitteren om tegenover potentiële partners zo kieskeurig te werk te gaan als een werknemer van Del Monte die perziken selecteert.

Wil je nadat je bij een sociale bijeenkomst bent gedeletet bij iemand een kans maken, dan zul je het bewustzijn van die persoon op een subtielere manier moeten zien te infiltreren. Wellicht helpt het even te wachten tot hij of zij een paar borrels op heeft, want tegen die tijd kunnen zijn of haar maatstaven voor wat als aantrekkelijk geldt danig zijn opgerekt. Vervolgens zul je een aanleiding moeten zoeken om met de persoon van jouw keuze in gesprek te raken, zodat je op subtieler niveau kunt laten zien dat je aantrekkelijk bent, bijvoorbeeld door te luisteren en te flirten. Tijd is een cruciale factor. Weet je een praatje aan te knopen met degene die jij wel ziet zitten, en weet je vervolgens een uitwisseling tot stand te brengen die verdergaat dan eerste indrukken, dan kun je een beroep doen op meer complexe vaardigheden om jezelf als potentiële partner te klasseren.

Mensen die zijn *gedeletet,* zijn echt niet allemaal losers. Je kunt zowel van onder- als van bovenaf afvallen als toekomstig partner. Mannen of vrouwen die té mooi of succesvol zijn, of die een té hoge status hebben, kunnen net zo goed afvallen als personen die te oud, te jong, te lelijk of van het verkeerde geslacht zijn. De ander zal op zoek zijn naar iemand die lichamelijk bij hem of haar past. Maar vergeet niet dat die ander óók zoekt naar iemand die vindt dat hij of zij een geschikte partner is voor hem- of haarzelf.

Een goede eerste indruk

Wil je je kansen bij de eerste indruk vergroten, dan zul je moeten werken aan de factoren die bepalend zijn voor sociale aantrekkelijkheid: je zorgt dat je er tiptop uitziet, maar wel op een manier die bij de situatie past en relatief subtiel is. Met te sterk aangezette signalen (een rode jurk, een decolleté tot aan je navel, glanzende lippen, een volumineus kapsel, of opbollende borstspieren, een strakke spijkerbroek en een strak hemd en dergelijke) kun je de plank net misslaan.

Werk ook aan je karaktersignalen. Ook op dit vlak kun je signalen uitzenden die in de buurt komen van een algemeen ideaal. Zo voelen de meeste mensen zich aangetrokken tot positiviteit, vriendelijkheid, eerlijkheid en hartelijkheid.

Van lichaam tot lichaam

Wil je op het eerste gezicht aantrekkelijk zijn, dan dient je lichaamsgedrag aan te sluiten bij dat van de ander. Er moet een fysieke empathie of overeenstemming zijn, een suggestie dat jullie tweeën het prima zouden doen in de slaapkamer. Je lichaam heeft zo zijn eigen ritme wat bewegingen betreft.

Met deze stijl van persoonlijke choreografie zul je naar een potentiële partner stilzwijgende signalen uitzenden, die lichamelijke en seksuele compatibiliteit doen vermoeden. De fysieke signalen zullen subtiel zijn, maar veel invloed hebben op de respons die ze oproepen. In combinatie met indrukken van lichaamsvorm zullen deze signalen je potentiële partner sterke boodschappen doorgeven over jullie seksuele compatibiliteit.

In dit stadium zal je potentiële partner zijn/haar inschatting van jouw persoonlijkheid en seksualiteit op de volgende factoren baseren:

- blik
- gezichtsuitdrukking
- houding
- gebaren
- uiterlijke verzorging
- geur
- kleding
- gebruik van de ruimte
- aanraking.

Deze stilzwijgende signalen zijn onmisbaar voor een effectief contact. Om succesvol relaties aan te gaan heeft de maatschappij ons weinig alternatieven te bieden. Als je op een feestje op een man of vrouw af stapt en al meteen begint te praten over je seksuele voorkeuren, zul je over het algemeen als behoorlijk opdringerig worden beschouwd. Wil je iemand laten weten dat je seksueel in hem of haar geïnteresseerd bent, dan moet je – tenzij je heel jong en heel dronken bent – subtiel te werk gaan. Iedereen die op dit vlak bokkensprongen uithaalt, wordt onmiddellijk als een hitsige griezel afgeserveerd.

Je kunt je kansen om de juiste persoon aan te trekken met zo'n 70 procent vergroten door je technieken voor lichaamstaal en image eens goed onder de loep te nemen en ze te verbeteren en te oefenen.

En wat levert dat je op?

Nou, in het begin komen we waarschijnlijk niet veel verder dan oppervlakkigheden. De meeste van deze signalen zijn heel, heel subtiel. Maar daarmee zijn we wél op weg om een hele reeks basisvaardigheden om aandacht te krijgen en aantrekkelijk gevonden te worden te ontwikkelen.

Vergroot je impact

1 Denk goed na over je kleding

Roep onmiddellijk iets bij anderen op door je zo te kleden dat je past binnen de groep waarin hij/zij zich beweegt. Weet je nog, die scène in *Grease* waarin Olivia Newton-John haar outfit van ruitjesstof en kant verwisselt voor een stretchbroek, en John Travolta van verbazing niet weet waar hij kijken moet? Je hoeft niemand slaafs te kopiëren, maar zorg wel voor een vergelijkbaar image, zodat je gewoon beter bij zijn of haar sociale groep past.

Is die groep nieuw voor je en ben je nog niet op de hoogte van de modecultuur die daarin heerst, doe dan wat je ook zou doen als je op sollicitatiegesprek zou gaan: trek neutrale kleding aan. Wed nog niet op één paard voordat je het terrein hebt verkend. Je hoeft er heus niet saai uit te zien, maar laat dat krijtstreeppak of dat geknoopverfde shirt nog even in de kast liggen totdat je zeker weet dat die kledingstukken de gewenste indruk maken.

2 Bereid je voor op je entree

Groepen draaien zich altíjd om teneinde de nieuwaangekomene even goed op te nemen. Dat maakt nu eenmaal deel uit van het overlevingsinstinct. Kom je binnen op een feestje of in een café, dan zal zo goed als iedereen in het vertrek je opmerken, ook al lijkt het of er niet naar je gekeken wordt. Bereid je voordat je bij de deur bent voor op je entree en houd daarbij goed voor ogen op wie je wilt lijken. Richt je in je volle lengte op. Trek je schouders naar achteren en naar omlaag. Concentreer al je energie in het gebied van je borst en schouders. Stel je voor dat je voeten een stukje boven de grond zweven. Hef je hoofd ver genoeg op om je kin strak te trekken, maar steek die niet zo ver de lucht in dat je arrogant of afstandelijk lijkt.

3 Weg met oude bagage

Het is zonder meer waar dat het leven niet altijd even leuk is. Hoe ouder je wordt, hoe meer bagage je zult hebben vergaard. Stukgelopen relaties, mislukte huwelijken, de bons krijgen, afwijzingen en gedumpt worden vindt niemand fijn. Echter, als je al te zeer met dat soort oorlogsverwondingen te koop loopt, verklein je daar alleen maar je kansen mee om een nieuw iemand naar je toe te trekken.

Stel je eens voor hoe je je zou voelen als je in je liefdesleven nooit iets akeligs was overkomen, als je nog nooit aan de kant was gezet en als er nog nooit iemand naar tegen je had gedaan. Bedenk vervolgens hoe je er dan uit zou zien: je gezicht zou open zijn en glimlachen, je zou geen frons of zorgrimpels hebben. Je zou iedereen recht in de ogen kunnen kijken en rekenen op een positieve respons. Je zou jezelf lang maken en de gebaren die je zou maken zouden open en positief zijn.

Ga eens voor een hoge spiegel staan, waarin je jezelf ten voeten uit kunt zien. Alle akelige dingen die je in je leven zijn overkomen, zijn waarschijnlijk af te lezen aan je lichaam en de manier waarop je beweegt; je verraadt ze door oogcontact te vermijden, zenuwachtig te glimlachen, door gesloten en beschermende gebaren, en door gefriemel om jezelf gerust te stellen.

Welk beeld denk jij dat andere mensen aantrekkelijker zullen vinden: dat van een ambulante gewonde of dat van een zelfverzekerd persoon die ogenschijnlijk geen littekens heeft?

Hoe ouder we worden, hoe meer oorlogsverwondingen we oplopen. Oudere mensen heten attentere, meer ervaren minnaars te zijn en geen last te hebben van de bagage van kleine kinderen en grote schulden, maar ze kunnen knap vervelend worden wanneer ze maar niet uitgepraat raken over al die keren dat iemand hun hart heeft gebroken. Als de jaren ons íéts leren, dan is het wel dat we het best onze emotionele bagage kunnen loslaten en nieuwe relaties moeten benaderen zonder te denken aan narigheid uit het verleden. Wanneer je die bagage almaar met je meesleept, wordt het erg lastig om een goede relatie met een nieuw iemand te krijgen. Als iemand na een eerste date aan een vriend of vriendin vertelt: 'We hebben de hele nacht zitten praten – ik had het gevoel dat ik hem/haar alles kon vertellen', dan kun je er donder op zeggen dat de spreker ellenlange verhalen heeft opgehangen over gebroken harten, mislukte huwelijken en schofterig gedrag.

4 Neem een rolmodel

Kun je maar moeilijk om je oorlogsverwondingen heen, of leiden je pogingen om zelfverzekerder te doen alleen maar tot een opgeplakte glimlach en een dollehondenblik, dan kun je het nog altijd proberen met een persoonlijke kloon. Als onderdeel van je voorbereidingen op een avondje uit sluit je je ogen en bedenk je op wie je op dat moment het meest zou willen lijken. Wie zou de situatie waarin jij straks terechtkomt fier en onvervaard tegemoet treden? Wie zou aantrekkelijk en gedenkwaardig worden gevonden?

Stel je voor dat je als schuchter doorsneetypje achter een scherm verdwijnt om vervolgens in een wolk rook glimlachend en zwaaiend weer tevoorschijn te komen, in de stijl van de beroemdheid die je van tevoren hebt gekozen. Zo'n soort gedaanteverwisseling heb je nodig, maar zonder rook en makeoverteam.

Stel je voor dat je de persoon van je keuze geworden bent.

Hoe zou die eruitzien en zich gedragen? Wat voor soort gebaren zou hij/zij maken? Hoe zou hij/zij lopen? Wat voor gezicht zou hij/zij zetten? Charismatische beroemdheden staan er niet om bekend dat ze zenuwachtig of opgejaagd doen wanneer ze een ruimte binnentreden; de meesten lopen rechtop en glimlachen. Deze trekjes neem jij nu over. Ben je verlegen, dan zul je het makkelijker vinden om te 'performen' in de stijl van iemand anders. Net als wanneer je een masker draagt kan dat helpen je remmingen van je af te zetten. Veel acteurs en actrices zijn verlegen als ze zichzelf zijn, maar draaien er hun hand niet voor om om iemand anders te spelen.

Bijkomend voordeel van deze strategie is dat die een positief effect heeft op je onderbewuste emoties. Door te *doen alsof* je meer zelfvertrouwen hebt, zul je je ook beter gaan *voelen*. Lichaamsbewegingen hebben een sterk effect op onze stemming en emoties, zoals je in het hoofdstuk over zelfvertrouwen zult zien.

5 Stel je voor dat...

Het leven is goed voor je geweest. Je hebt altijd geluk gehad in de liefde. Je hebt nooit de bons gekregen, bent nooit gekwetst of beledigd, bij een afspraakje heeft niemand je ooit laten zitten, je bent nooit gescheiden, enzovoort. Je kinderen hebben je nog nooit afgebekt of je een wolf in schaapskleren genoemd. Kortom...

Haal diep adem en laat de lucht langzaam weer ontsnappen. Trek je wenkbrauwen een stukje op en voel hoe alle negatieve fronslijntjes uit je gezicht worden gestreken.

Knipper langzaam met je ogen en zorg dat die angst en gekwetstheid uit je blik verdwijnen. Op een trage manier met je ogen knipperen is een effectieve manier om mensen aan te trekken, omdat het je algehele verschijning iets slowmotion-achtigs geeft, en slowmotion wordt in films immers altijd toegepast wanneer de held voor het eerst de vrouw in de ogen kijkt op wie hij verliefd zal worden. De implicatie is dat de tijd even stilstaat. Houd dit slowmotioneffect in gedachten en kopieer het in je lichaamstaal. Ga echter niet in slowmotion lopen of hollen, want dan heeft je optreden meer weg van een spektakelstuk dan van een lovestory.

Glimlach. Laat je handen langs je lichaam vallen; je hoeft je armen echt niet te gebruiken als veiligheidsbarrières. Voel je energiek, enthousiast en optimistisch.

Stel je voor dat je kleren van Armani zijn, in plaats van H&M.

Stel je voor dat jij altíjd mazzel hebt.

Stel je voor dat je beroemd bent.

Stel je voor dat iedereen op het feestje wacht tot jij er bent, zodat het pas goed kan beginnen.

Stel je voor dat je een kamer binnenkomt die vol zit met je beste vrienden en vriendinnen.

Pas vervolgens je houding en gezichtsuitdrukking daaraan aan. Verzacht je blik. Die lege, zorgelijke staarogen komen eerder bars dan beminnelijk over. Loop het vertrek binnen terwijl je kijkt alsof je zojuist een amusant verhaal hebt gehoord, maar let op: het was géén dijenkletser.

Kom je alleen, vraag je gastheer of gastvrouw dan of die je wil voorstellen aan een interessant iemand. Kom je met vrienden, blijf dan niet bij elkaar staan klitten, maar stap op iemand anders af en stel je voor. Mensen verwachten namelijk dat er binnen een vriendenclubje gepraat wordt over dingen die slechts voor de vrienden in dat groepje interessant zijn, waardoor het voor een ander moeilijk is om daartussen te komen.

Kijk om je heen het vertrek door, maar niet terwijl je geacht wordt naar het verhaal van een ander te luisteren, want dan lijk je onbeleefd en ijdel. Vermijd daarbij zelffatsoenerende gebaren. Wanneer je voortdurend aan je kapsel friemelt, lijkt het of je arrogant en alleen maar met jezelf bezig bent.

Kijk tijdens gesprekken met anderen niet alsof je alleen

maar voor de vorm belangstelling toont. Door hard te lachen en overmatig 'plichtmatig' te glimlachen kom je alleen maar onzeker over. Vermijd troostgebaren: frunnik niet aan sieraden, je das of je kleding. Raak je gezicht niet aan.

Heb je een drankje in je hand, houd het glas dan op taillehoogte vast. Druk een eventuele tas niet stijf tegen je lichaam.

Kijk geïnteresseerd naar degene die in jouw groepje aan het woord is.

Sociale interactie

Wanneer we een potentiële partner voor de eerste keer gadeslaan, zijn we op twee dingen gespitst: hoe die persoon met anderen omgaat (diens sociale potentieel) en hoe hij/zij met ons zal omgaan.

We vinden het prettig als deze twee zaken uiteenlopen, want wij willen een andere respons dan die welke de rest van de aanwezigen krijgt. Daarom vinden we het niet charmant of aantrekkelijk als iemand met Jan en alleman loopt te flirten. De impact van je geflirt zal alleen positief zijn als je dat op één persoon loslaat. Uitzinnig flirtgedrag is een wapen dat je het best kunt reserveren voor momenten waarop je op de een of andere manier bent afgewezen. Je doet het om iemand in een bestaande of kortgeleden beëindigde relatie jaloers te maken, niet om een nieuwe partner aan te trekken. Verderop in dit boek lees je meer over effectieve flirttechnieken.

Al deze tips zullen je aantrekkelijker maken op momenten dat je door anderen wordt gadegeslagen. Heb je het idee dat degene die je wilt aantrekken je heeft opgemerkt, vraag dan of de gastvrouw of gastheer jullie aan elkaar wil voorstellen. Probeer nooit de aandacht te trekken door je luidruchtig of overdreven te gedragen, en vermijd vooral hard lachen. Deze aandoening kan iedereen treffen: man of vrouw, jong of oud. Ik kan het weten, ik heb er zelf last van gehad. Lukt het je niet om hard lachen achterwege te laten, maak er dan tenminste iets aantrekkelijks van. Elizabeth Taylor, om maar iemand te noemen, kan verrukkelijk schalks giechelen, wat helemaal niet past bij het visuele beeld dat ze neerzet, maar juist daardoor heel charmant overkomt.

'De blik'

En dan is het zover, het moment dat je oogcontact maakt met degene tot wie je je aangetrokken voelt. Ben je een man, dan kun je je een langere, iets stoutmoediger blik permitteren, alsof je diep onder de indruk bent van de schoonheid van deze persoon. Een vrouw daarentegen kijkt even en kijkt vervolgens weg – maar slechts heel kort! De truc is dat je daarna weer kijkt, dit keer met een meer betekenisvolle blik en een lichte glimlach. Klinkt dit je als een seksistische stereotypering in de oren, voel je dan vrij om voor de andere rol te kiezen. Dat is aan jou. Ik zie het alleen nog niet gebeuren dat Clark Gable schuchter terugglimlacht met schattige kuiltjes in zijn wangen omdat Scarlett O'Hara naar hem staat te gluren – dat is alles.

Ik ga er niet van uit dat dit je makkelijk afgaat, dus is het aan te raden dit belangrijke gebaar van tevoren grondig in de spiegel te oefenen. Het gaat hierbij niet om flirten op volle sterkte, maar deze blik is wel de eerste belangrijke stap in de paringsdans. In godsnaam, oefen van tevoren! Zelf dacht ik altijd dat ik er wel goed in was, totdat ik dat controleerde in de spiegel en erachter kwam dat ik keek zoals Alan Rickman in zijn rol van professor Sneep in de Harry Potter-films. (Bozig dus!)

Heb je eenmaal de aandacht weten te trekken en contact gelegd, weersta dan de verleiding om je vrienden of vriendinnen daarvan op de hoogte te stellen, maar concentreer je in plaats daarvan op je houding. Recht je rug door te proberen met je kruin het plafond te raken. Haal diep adem en laat de lucht weer ontsnappen. Trek je buik in, maar zonder je borst op te zetten. Ben je een vrouw, krom je rug dan heel licht en houd je hoofd even schuin achterover, zodat je je keel toont. (Ja, ik weet ook wel dat dat gedoe met de keel en de binnenkant van de armen en zo in elk boek over flirten aan de orde komt, en ik beloof je dat ik niet zal uitweiden over het zachte witte vlees van de onderarm, maar het keelgebaartje werkt wel degelijk, dat garandeer ik je. Mannen vinden dat op een niet-aanstootgevende manier wellustig.)

Toon betrokkenheid bij het gesprek dat in jouw groepje gaande is. Wek vooral niet de indruk dat je er maar een beetje bij hangt. Wees geanimeerd, maar vergeet niet dat je zojuist mentaal geveld bent door deze liefdesgod(in) op wie je je oog hebt laten vallen. Kijk nog eens terug. Glimlach. Maak daar een geheimzinnig glimlachje van, zonder dat je tanden te zien zijn, maar wel met een smeltende blik.

Eet niets, tenzij je blaakt van zelfvertrouwen. De meeste mensen steken als ze onder druk staan alles naast hun mond. Nip van je drankje en klok het niet naar binnen.

Ben je een jonge man, weersta dan de verleiding om je uit te sloven. Haal geen kunstjes uit met bierviltjes en gooi niet met een boogje pinda's in je mond. Ga niet lopen stoeien met je vrienden. Vrouwen vinden dat allemaal maar malligheid en zien er niets heldhaftigs in. (En alsjeblieft, doe dit alles ook niet als je een al wat rijpere man bent.)

Man of vrouw?

Bestaat er in deze fase van het contact leggen een vaste rolverdeling? Moeten mannen echt het kijkwerk voor hun rekening nemen terwijl de vrouwen rustig wegkijken?

Ach, dat zijn de traditionele rollen. Maar die stammen uit een tijd toen vrouwen tijdens de seks nog een stuk passiever waren dan nu. Ik heb vrouwen op dit vlak vaak genoeg de koe bij de hoorns zien vatten en op mannen af zien stappen op een manier waarbij hun grootmoeder naar hun flesje reukwater zou grijpen.

Je kunt stellen dat het antwoord op de vraag wie wat doet voor een groot deel wordt bepaald door de vraag wie waarnaar op zoek is. Is een man uit op een vrij traditionele vrouw, dan zal hij zich waarschijnlijk goed voelen bij het stramien van de blozende jonge maagd. Maar wil hij minder dominant zijn, dan kan hij het heel leuk vinden als de vrouw het initiatief neemt. Voor vrouwen geldt hetzelfde. Zie je graag een sterke man-van-weinig-woorden van het type Heathcliff, dan zul je het heerlijk vinden als hij je gloedvol aankijkt terwijl jij wegkijkt en weer terugkijkt. Val je meer voor een lief-en-verlegen type, dan zie je graag dat de rollen worden omgedraaid.

Signalen van macht

Houdt de ander jouw blik even vast, dan weet je dat je op de een of andere manier een ontvankelijk persoon uit de menigte hebt weten te selecteren. Dat is al voldoende aanleiding om over te gaan naar de volgende fase: een van de twee komt naderbij om een praatje te maken. Het signaal is daarbij van groot belang. Dat moet worden uitgezonden en beantwoord, want anders komt het contact niet van de grond, zeker niet in een vertrek met relatief veel onbekenden.

Maar op dit punt in het proces spelen ook signalen van macht een rol. Een van jullie tweeën is meteen al de meest dominante. Hoe agressiever de eerste benadering (een fluitje tussen de tanden, een knipoog, een verlekkerde blik) en hoe onderworpener de respons (blozen, wegkijken, giechelen), hoe duidelijker de grenzen van kennelijke status worden getrokken.

Afknappers

Ja, ik heb hier onderzoek naar gedaan. Ik stelde zowel mannen als vrouwen de vraag: 'Welk soort lichaamstaal vind je de grootste afknapper? Het enige wat de beide seksen gemeen hadden was hun enthousiaste bereidheid om mij deze informatie te geven. Iedereen dacht even na, glimlachte even en begon vervolgens te vertellen. Als er al iemand even zijn mond hield, was dat alleen om diep adem te halen voor het vervolg. Van tijd tot tijd trokken de glimlachjes weg en zag ik echt boze of van weerzin vertrokken gezichten.

Dit soort lichaamstaal vinden vrouwen de grootste afknapper bij mannen:

- kruisvertoon (zitten of staan met de benen ver uit elkaar)
- billenkrabberij (krabben rond de bilnaad, zeker tijdens een gesprek)
- aan puistjes pulken
- friemelen aan kruis (Michael Jackson bereikte er niets mee, en zelfs Robbie Williams niet. Europeanen doen het. Voetballers doen het. Het ziet er meestal uit alsof je uitslag hebt of iets wat seksueel overdraagbaar is. Géén opsteker!)
- tijdens het praten over een vrouw heen hangen
- in een kantoorsituatie: achteroverleunen in je stoel met je handen achter je hoofd gevouwen en je voeten op het bureau
- praten met volle mond
- zelfvoldaan glimlachen
- met muntgeld rammelen in je zak
- over de rand van een zonnebril heen kijken

- een zonnebril boven op je hoofd schuiven
- voortdurend aan je haar plukken
- dwangmatig met een been op en neer wippen
- je knokkels laten kraken
- bewonderende blikken naar je spiegelbeeld werpen
- bewonderende blikken naar andere vrouwen werpen
- snuiven, neus ophalen
- boeren.

Deze lichaamstaal staat mannen niet aan bij vrouwen:

- mannelijk gedrag
- bezitterige of fatsoenerende gebaren, zoals haren van een jasje plukken of roos wegvegen, waar anderen bij zijn
- tijdens het praten voortdurend op de arm van de man tikken
- korte rokjes dragen en de zoom dan telkens naar beneden trekken
- wijdbeens staan, met de handen in de zij
- armen de hele tijd over elkaar geslagen houden
- maaiende bewegingen maken met de armen
- armen en benen over elkaar slaan
- beha omlaagtrekken
- met een uitgestreken gezicht aan de bar blijven staan terwijl er wordt afgerekend voor de drankjes
- spottend glimlachen
- geeuwen
- lachen met een onoprechte klank
- nagelbijten
- met overduidelijke bedoelingen een te diep decolleté tonen.

Je weet nu waar je op moet letten. Natuurlijk hoef je het echt niet met alle bovengenoemde items eens te zijn, maar vergeet niet dat andermans gevoelens geen punt van discussie kunnen zijn. Image en impact zijn geen zaken waarover te onderhandelen valt. Wil je indruk maken, doe dan alle bovenstaande dingen *niet*.

De volgende stappen

Ben je eenmaal heelhuids door de eerste belangrijke fases heen gekomen, dan kun je de volgende stap zetten en overgaan tot wat verdergaande emotionele en seksuele onderhandelingen. Op dit punt worden je sekscodes subtieler en specifieker. Voor een juist begrip van de volgende fases dien je meer te weten over lichaamstaalprocessen. Je moet bovendien je zelfvertrouwen en zelfrespect op peil zien te krijgen, omdat de signalen die je uitzendt en je vermogen om de signalen van anderen te interpreteren wat dieper dienen te gaan dan de oppervlakte. Daarom zijn de twee hoofdstukken die nu volgen gewijd aan lichaamstaal en zelfvertrouwen.

4 Lichaamstaal voor beginners

In dit hoofdstuk schets ik de theoretische grondslagen van een uiterst complexe reeks vaardigheden. Immers, wil je je lichaamstaal verbeteren, dan dien je allereerst te begrijpen welke signalen je momenteel uitzendt en ontvangt; vervolgens kun je dan leren hoe je signalen van anderen beter kunt interpreteren, waarna je je eigen respons daarop kunt afstemmen.

Lichaamstaalsignalen zijn even subtiel en ritualistisch als een Chinese opera. Sommige bewegingen en uitdrukkingen zijn aangeboren, hoewel wetenschappers het er nog niet over eens zijn wat de oerfunctie ervan zou zijn als je imitatiegedrag buiten beschouwing laat, hetgeen toch de manier is waarop we ons de meeste van onze technieken eigen maken. We zien, we begrijpen, we bootsen na, precies zoals dat gaat bij verbale communicatie.

Generieke responsen

'Generiek' noemen we bewegingen die meer instinctief dan aangeleerd zijn. Veel van deze reactieve gebaren en gezichtsuitdrukkingen hebben iets met evolutie te maken. De meeste zijn opgebouwd rond emotionele responsen of gemoedstoestanden, en ze spelen allemaal een belangrijke rol bij onze overleving. Verrassing, bijvoorbeeld, wordt uitgedrukt door grote ogen op te zetten. In een vecht-of-vluchtmodus kunnen we dankzij deze grote ogen beter zien wat er om ons heen gebeurt. Het is een passende respons op een nieuwe – en mogelijk bedreigende – prikkel.

Een strak samengeknepen mond, half-dichtgeknepen ogen en hoofdschudden wijzen op weerzin. Het samenknijpen van de mond maakt eten onmogelijk, zodat afkeer van slecht smakend en mogelijk giftig voedsel ons ervoor behoedt dat te consumeren.

Wanneer we kwaad zijn, spannen onze spieren zich, zodat onze kaak krachtiger en breder lijkt. De ogen worden tot spleetjes geknepen, zodat ze minder kwetsbaar zijn, en het gezicht loopt rood aan, wat de toeschouwer bang kan maken. We planten onze handen in onze zij en zetten een hoge borst op; het menselijk equivalent van een vogel die zijn veren uitzet of een kat die zijn vacht 'opblaast', zodat hij een grotere, sterkere en dreigender tegenstander lijkt.

Je generieke responsen kunnen invloed krijgen op je lichaamstaal wanneer je iemand ziet die je aantrekkelijk vindt. Gelaatstrekken verzachten zich en je glimlacht vaker, zodat je er zelf aantrekkelijker uitziet. Een man kan zijn borst opzetten om zichzelf sterker te laten lijken, terwijl een vrouw de neiging heeft een tuitmondje te trekken en haar borsten naar voren te steken om er meer sexy uit te zien.

Aangeleerde responsen

Andere lichaamstaalsignalen dienen in de loop der tijd te worden aangeleerd. Wanneer we er gebruik van maken, houden we goed in de gaten welke werken en welke niet. Zo ervaren we welk gedrag al dan niet wordt beloond. Een glimlach kan een ouder vertederen. Een kreet kan aandacht trekken. Een angstige of verschrikte blik kan een verlangen oproepen om te troosten en te knuffelen. Kinderen hebben een scherp oog voor de lichaamstaal van volwassenen en bootsen die voor zichzelf in een rollenspel na. Laatst zag ik hoe een klein meisje haar moeder nadeed terwijl ze met haar speelgoedtelefoontje zogenaamd zat te bellen. Ze deed haar moeder precies na, van diens ontzette gezichtsuitdrukkingen tot de korte stiltes die ze inlaste om aan een denkbeeldige sigaret te trekken. Haar moeder moest om dit spelletje lachen, maar het kind integreerde uiterst zorgvuldig het roken en de geagiteerde manier van praten in haar eigen repertoire, en het is best mogelijk dat dat haar hele leven zo blijft.

Je hebt dus ook een groot deel van je seksuele repertoire overgenomen van je ouders, leeftijdgenoten en al dan niet bewuste rolmodellen. Of deze aangeleerde technieken effect hebben of niet hangt ervan af of degene van wie je ze hebt 'geleend' er goed mee wegkwam. Ook moeten zijn of haar gebaren goed bij jou passen. Het lijkt een beetje op iemands kleren lenen: als die jou passen, staan ze je goed.

Seksuele vaardigheden

Hoe langer we op aarde meelopen, hoe meer nieuwe vaardigheden we ons op het gebied van lichaamstaal eigen maken. Een deel hiervan verwerven we door anderen te imiteren, maar de meeste zijn volkomen nieuw, en bovendien uiterst praktisch. Je leert fietsen, en vervolgens autorijden. Je handen leren een toetsenbord te bedienen of verfijnde taken te verrichten, zoals naaien of je tanden flossen.

De meeste van onze seksuele lichaamstaalvaardigheden zullen noodzakelijkerwijs zijn aangeleerd middels een proces van vallen en opstaan. Voor de rest nemen we ze over van opwindende scènes in films, waarbij je niet moet vergeten dat de mensen die je daarin ziet acteren, tegelijkertijd alle mogelijke moeite moeten doen om hun kapsel in model te houden.

Bij seksuele rituelen krijgen we te maken met alle lichaamstaalvaardigheden. Kom je iemand tegen die je aantrekkelijk vindt, dan zullen de signalen die je uitzendt grotendeels worden ingegeven door een evolutionaire respons – een poging om op een nogal basale, dierlijke, instinctieve manier die persoon naar je toe te trekken –, in combinatie met een beetje gekopieerd gedrag dat je misschien hebt overgenomen van een ouder, een leeftijdgenoot of een beroemdheid die je bewondert. Komt het daadwerkelijk tot de seksuele daad, dan zul je een beroep doen op meer technische vaardigheden, die je misschien in een proces van jaren hebt verfijnd. (Schrik je van dit laatste, omdat jij nog niet zover bent of niet eens wist dat deze fase bestond, maak je dan niet al te ongerust, want er zijn talloze handboeken te koop die je kunnen helpen je technieken op te poetsen.)

De vraag is: hoe gaan we eigenlijk te werk met het interpreteren en uitzenden van al deze intrigerende lichaamstaalsignalen als we iemand voor het eerst ontmoeten?

Clustersignalen

Komen we iemand tegen, dan voltrekt zich een ingewikkeld beoordelingsproces, waarbij we uitgaan van veelomvattende aannames gebaseerd op vooroordelen en stereotyperingen om na te gaan of die persoon bij ons zou passen. Stel je voor dat je brein een computer is met een heleboel politiedossiers. Zoekt de politie naar een misdadiger, dan neemt de computer de dossiers door van duizenden boeven, tot hij uiteindelijk met passende matches komt die zijn gebaseerd op overeenkomsten in beschrijvingen van getuigen. Op een dergelijke manier zoekt ook je brein naar gebaren, uitdrukkingen en lichamelijke verschijning, en probeert die te koppelen aan personen uit je geheugen die daarop lijken. Vervolgens ga je ervan uit dat deze nieuwe persoon dezelfde eigenschappen heeft als degene uit je herinnering.

Onze ogen registreren visuele signalen en beoordelen die door ze tegen elkaar af te wegen en zo tot een algehele inschatting te komen. Negatieve punten kunnen sterker zijn dan positieve, of omgekeerd. Zo kunnen signalen die op arrogantie duiden worden gecompenseerd door tekenen van onvolwassenheid en kinderlijkheid, waardoor de algehele indruk ontstaat dat de persoon in kwestie een gebrek aan zelfvertrouwen of ervaring probeert te compenseren met bravoure.

We oordelen maar zelden op grond van één gebaar, en om die reden is een oordeel als 'hij raakte zijn neus aan, wat betekent dat hij liegt' volstrekte onzin. Afzonderlijke signalen zijn op zich wel het bestuderen waard wanneer je werkt aan je eigen seksuele repertoire, want het is makkelijker de signalen die je uitzendt een voor een aan te pakken dan als cluster.

Komen je signalen op de een of andere manier negatief over, dan is de kans groot dat je nieuwe kennis op zoek zal gaan naar bevestiging van zijn of haar aanvankelijk ongunstige reactie. We mogen ons er allemaal graag op beroemen dat we goed andere mensen kunnen beoordelen, dus wanneer we ons een oordeel vormen zien we dat graag bevestigd, en zoeken we naar bewijs dat onze eerste evaluatie kan staven. Dat noem je nou een *self-fulfilling prophecy*.

Spaaklopende communicatie

Om te kunnen analyseren wat er gebeurt tijdens het communicatieproces, en hoe het brein lichaamstaal omzet in veronderstelde kennis, dien je op de hoogte te zijn van de drie belangrijke fases die gebaren en uitdrukkingen omzetten in een emotionele respons.

1 Stimulus
Je fronst, je glimlacht, je slaat je armen over elkaar. Dit is het enige stadium van communicatie waar vrijwel niet over te onderhandelen valt. Als ik met mijn vinger naar je zou wij-

zen, zou jij voor de rechtbank kunnen getuigen dat ik naar je wees, en daar zou niemand omheen kunnen. Iedereen heeft het gezien, ikzelf ook.

2   Aanname

Op dit punt scheiden zich onze wegen. Op grond van ervaringen uit het verleden zul je – vaak onderbewust – besluiten *waarom* ik wees. Had je vroeger een lerares die dat ook deed als ze jou tot de orde riep, dan zou je kunnen denken dat ik agressieve bedoelingen had. Heb je geen negatieve herinneringen, dan zou je kunnen denken dat ik je alleen maar een richting wilde aanwijzen of je aandacht wilde trekken. Niemand heeft dezelfde levenservaring als een ander, en daarom zullen geen twee mensen het *waarom* op precies dezelfde manier opvatten.

3   Assimilatie en respons

Nu begeven we ons pas goed op glad ijs. Had je een hekel aan die lerares die je vroeger tot de orde riep, dan kun je ook een hekel aan mij gaan krijgen. Maar als je dat tot de orde roepen op de een of andere manier wel stimulerend vond, zou het omgekeerde van toepassing kunnen zijn. Je zou door zo'n directe benadering zelfs opgewonden kunnen raken.

Sympathie, afkeer, vertrouwen, behoedzaamheid, afschuw of aantrekking kunnen in dit stadium van het communicatieproces allemaal sterk worden gevormd.

Welke delen van jouw lichaam treden in het kader van nonverbale communicatie het meest op de voorgrond?

Houding

Het leven heeft de neiging zijn sporen na te laten op de ruggengraat. Evenals lijntjes in het gezicht, die daarop achterblijven als een onuitwisbare echo van emoties uit het verleden, zal de manier waarop je lichaam je gewicht verdeelt anderen een heleboel informatie geven over hoe je leven tot dusver verlopen is. Diepe groeven rond de mond en op het voorhoofd doen vermoeden dat je een groot deel van je leven hebt lopen fronsen en je niet happy hebt gevoeld. Zo kan een gebogen houding, of een houding waarbij je zwaartepunt laag zit, wijzen op weinig zelfrespect of een sterke neiging tot zelfbescherming, wat gedachten oproept aan strijd en tragedies in het verleden. Als je zwaartepunt daarentegen hoog zit, kom je positief en gefocust over (waarover later meer).

Oogcontact

Ik heb het al gehad over het scenario waarbij in een volle ruimte 'blikken elkaar kruisen'. Oogcontact is een van de communicatiemiddelen met de meeste impact en vormt de openingszet bij het spel van aantrekken en verleiden. En wel in zo'n sterke mate dat ik, toen ik werd geïnterviewd voor een radioprogramma voor blinden en me werd gevraagd hoe blinde mensen kunnen nagaan wie op een feestje wel iets in hen ziet, met mijn mond vol tanden zat.

Maar te veel oogcontact, zoals wanneer je iemand aangaapt, kan als arrogant en agressief worden opgevat. En bij te weinig oogcontact kom je passief of negatief over.

Gezichtsuitdrukking

We beschikken over een indrukwekkend aantal aangezichtsspieren, waarmee we een hele reeks subtiele en minder subtiele signalen kunnen geven. Zelfs één minieme, vluchtige beweging kan al veel emoties overbrengen. Microgebaren hebben vaak betrekking op het gezicht. Deze dramatische uitdrukkingen nemen maar zo weinig tijd in beslag dat ze alleen subliminaal worden geregistreerd. Als je ze goed zou willen bestuderen, zou je stilgezette filmbeelden nodig hebben. Je gezicht kan ineens onwillekeurig een uitdrukking krijgen waaruit vaak verborgen – en in de regel negatieve – emoties spreken, zoals afkeer of zelfs walging.

Gebaren

Lekken is een term die uitdrukt dat je lichaam verborgen gevoelens of emoties kan verraden. Aan de meeste lekken zijn de handen of voeten debet: de extremiteiten van het lichaam, die uit de aard der zaak het moeilijkst onder controle te houden zijn. 'Lekgebaren' zijn onder andere wippen met een voet, friemelen en nagelbijten.

Illustratieve gebaren zijn nuttig, omdat ze voor het geestesoog van de luisteraar een visueel beeld oproepen. Terwijl je iets beschrijft, nemen ze de vorm aan van mime.

Empathische gebaren gebruik je om emoties aan woorden te koppelen. Als het goed is, komen ze natuurlijk en vrij spontaan over, en niet als ingestudeerd of telkens herhaald.

Ontkenningsgebaren doen af aan je boodschap door die te minimaliseren of te ontkennen, bijvoorbeeld als je tegen iemand zegt dat je geïnteresseerd bent in wat die te vertellen heeft, terwijl je tegelijkertijd op je horloge kijkt. Of je haalt je schouders op wanneer iemand je vraagt of het goed met je gaat, terwijl je verbaal een bevestiging geeft.

Signaalgebaren gebruik je voor gecontroleerde en specifieke communicatie, zoals wanneer je je duimen opsteekt om 'goedkeuring' aan te duiden, of je hand achter je oor kromt om aan te geven dat je iets niet goed kunt verstaan.

Afleidende tics zijn spontane gebaren die weinig aan je communicatie toevoegen en een groot deel van de impact daarvan tenietdoen. Je kunt door zenuwachtigheid met je handen wapperen of met je armen maaien, of grimassen. Zulke gebaren kunnen tot verwarring in de communicatie leiden.

Ruimtelijk gedrag

De hoeveelheid ruimte tussen jou en de ander wordt bepaald door de relatie die jullie met elkaar hebben. De regels die gelden voor sociale ruimte zijn bijna een wet van Meden en Perzen. Het gaat hierbij bijvoorbeeld om de afstand die je aanhoudt tot degene die voor je staat in een rij bij de bushalte, of om de plek waar je gaat staan als je op een feestje een praatje met iemand maakt.

De intieme zone is gereserveerd voor mensen die we graag aanraken en door wie we aangeraakt willen worden. Wanneer je een potentiële partner ontmoet, kun je pijlsnel van de sociale ruimte overschakelen op de intieme zone. De snelheid waarmee je dat doet moet echter voor allebei de partijen wel prettig aanvoelen. Onwelkome en ongevraagde aanrakingen gelden als opdringerig.

Wanneer je ertoe overgaat een nieuwe of potentiële partner aan te raken, begin je een spel van 'zetten doen en kijken naar het effect'. Hiermee bedoel ik dat je probeert de ander aan te raken en nagaat wat voor respons dat bij hem of haar oproept. Verstrakt de ander? Bespeur je symptomen die op ongemakkelijkheid wijzen, zoals gegiechel of wegkijken? Raakt hij/zij jou op zijn/haar beurt ook aan, of wordt het allemaal aan jou overgelaten?

Dit ritueel kun je de hele relatie lang blijven volhouden, ook nadat jullie met elkaar naar bed zijn geweest. Iedereen houdt er wat aanrakingen betreft een reeks persoonlijke regels op na. Sommige stellen die een seksuele relatie hebben raken elkaar in het openbaar nooit aan; anderen zijn wat aanraken betreft opener. Veel mannen houden aanrakingen het liefst beperkt tot het seksuele ritueel, terwijl veel vrouwen af en toe ook graag buiten het seksuele scenario geknuffeld willen worden.

Gedragspatronen

Waarom doe je wat je doet?

Het hele repertoire van aantrekkingsmethodes dat je er op dit moment op na houdt, is geworteld in zogeheten beloond gedrag – met andere woorden: dat gedrag heeft in het verleden op de een of andere manier vrucht afgeworpen. Het probleem is alleen dat vroeger niet hetzelfde is als nu. Wat bij de een heeft gewerkt, kan voor een ander een afknapper zijn. En de meeste van je 'beloonde' technieken zijn langgeleden totstandgekomen, in de tijd dat je nog uit was op snoep in plaats van op seks.

Hoewel de meeste patronen op het vlak van emoties en gedrag ingewikkelder in elkaar zitten dan het fijnste kantwerk, zijn beloonde gedragingen – de emoties en responsen die ons hebben opgeleverd wat we wilden – zo simpel als een stuk dik touw. Als een baby huilt en vervolgens te eten krijgt, heeft zo'n kind geen reden om iets aan deze eenvoudige strategie te veranderen, want die werkt immers prima. Tenzij dit stramien mankementen gaat vertonen, kan die 'baby' tot ver in zijn volwassen leven nog steeds de waterlanders te hulp roepen bij wijze van manipulatieve techniek.

Hetzelfde gaat op voor onze pogingen om bij anderen in de smaak te vallen en door hen te worden bemind. Ons oog valt op iemand die we helemaal zien zitten, en in ons verlangen om onszelf aantrekkelijk voor die persoon te maken treden al onze oude, ingesleten patronen treden weer in werking. Hopelijk hebben we dezelfde impact op déze persoon. Maar beide partijen voelen zich niet altijd zomaar even sterk tot elkaar aangetrokken. Wanneer je gedragspatronen van dit moment niet werken, of niet werken zoals je zou willen, wordt het tijd om er iets aan te veranderen.

Wees gericht op het heden

Voordat je je gaat bezighouden met gedragsveranderingen om in de eerste fases van de kennismaking aantrekkelijker op anderen over te komen, dien je je bewust te worden van de realiteit van dit moment. Ga bij jezelf na hoe je momenteel de zaken aanpakt.

Pak een vel papier en maak twee lijstjes. Stel jezelf de vraag: 'Als ik iemand zie die ik leuk vind, welke tactieken gebruik ik dan om ten eerste zijn/haar aandacht te trekken, en ten tweede om zelf meteen aantrekkelijk over te komen?' Hoe zorg je ervoor dat je wordt opgemerkt? Of heb je, omdat je verlegen of zenuwachtig bent, de neiging jezelf onzichtbaar te maken? Ga je drukker gebaren en word je luidruchtiger? Raak je in een geanimeerde stemming en lach je veelvuldig? Bloos je? Ga je je uitsloven? Ga je over tot plagen, grapjes maken of zelfs degene op wie je een oogje hebt beledigen? Of word je juist heel stilletjes?

En hoe flirt je?

Sla jezelf 'in actie' gade. Sluit je ogen en denk terug aan voorvallen uit het verleden. Wend je vervolgens tot de toekomst. Stel je voor dat je iemand die jij aantrekkelijk vindt benadert. Stel je als dat helpt diverse verschillende scenario's voor. Zie jezelf bezig: op een feestje, in een club of café, enzovoort.

Stel jezelf dan de volgende vragen: In welke mate voel ik me in deze situatie op mijn gemak? Hoe makkelijk vind ik het om iemand naar me toe te trekken en vervolgens met diegene te flirten? Vind ik mijn methodes effectief, of zou er wel iets aan verbeterd kunnen worden? Hoe lang maak ik al van deze technieken gebruik? Of doe ik gewoon maar wat en hoop ik er het beste van? Heb ik het idee dat mijn technieken om een ander aan te trekken me helpen of juist hinderen bij mijn pogingen een partner te vinden? Van wie heb ik ze geleerd of overgenomen? Werken ze? Wat zou ik moeten veranderen?

Je gedrag veranderen

Wil je je eigen lichaamstaal verbeteren, dan zul je eerst een paar oude gewoontes moeten afleren. Dat is waarschijnlijk makkelijker dan je denkt. Volgens de meeste psychologen kun je een oude gewoonte in slechts 21 dagen afleren. Een nieuwe gewoonte leer je een stuk sneller aan; denk maar eens aan hoe lang je erover hebt gedaan om te leren autorijden. Ga eens na hoeveel lessen je nodig hebt gehad voordat je zonder er bewust over na te denken kon schakelen. Op dat moment was die vaardigheid in je 'spiergeheugen' gaan zitten en was je lichaam in staat voorbij te gaan aan bewuste gedachteprocessen en 'uit zichzelf' bewegingen te maken. Het menselijk lichaam is een wonderlijke uitzondering op het bekende spreekwoord dat een oude hond geen nieuwe kunstjes te leren zijn. Het lichaam is juist een oude hond die maar al te graag nieuwe kunstjes leert, en dat ook heel goed kan als je het zijn gang laat gaan. De enige obstakels zijn gêne, licht ongemak en negatief denken.

Het oude en vertrouwde

Wanneer je een nieuwe vaardigheid leert, word je – tijdelijk – uit balans gebracht. Je voelt je in het begin ongemakkelijk, en de verleiding om terug te keren naar het oude en vertrouwde is groot; je wilt liefst zo snel mogelijk terug naar hoe je het vroeger deed. Onthoud dan de volgende wijsheid: *Als je doet wat je altijd hebt gedaan, krijg je ook wat je altijd hebt gekregen.*

Daar zit wel iets in, nietwaar? Door je nek uit te steken buiten het oude en vertrouwde en verder te gaan met nieuwe vaardigheden, komen er dingen binnen je bereik die eerder niet mogelijk waren. Binnen het kader van waar het in dit boek om gaat, zul je jezelf aantrekkelijker maken in de ogen van potentiële partners. Je leert hoe je de signalen die zij uitzenden effectiever kunt interpreteren en hoe je stilzwijgende sekscodes beter kunt begrijpen. Daar heb je toch zeker wel een beetje ongemak voor over?

Wel doen versus niet doen

Om je lichaamstaal te veranderen, kun je je het best richten op wat je moet doen, niet op wat je niet moet doen. Wanneer je jezelf voorhoudt wat je *niet* moet doen, heeft dat alleen maar een averechts effect. Het brein heeft de neiging de woorden 'niet doen' uit opdrachten die je jezelf geeft weg te laten. Dus ondersteun jezelf bij alle veranderingen door middel van 'doen'-boodschappen. Zie voor je hoe je je wilt bewegen en gedragen. Visualiseer een nieuwe jij: aantrekkelijker, met meer zelfvertrouwen, positiever. Houd jezelf voor dat jij als een magneet mannen/vrouwen aantrekt. Ga na of de veranderingen werken.

Heb je er moeite mee om je een ideaalbeeld voor de geest te halen, dan kun je altijd nog je toevlucht nemen tot plagiaat.

Rolmodellen onder de loep

Maak een lijstje van mensen van wie jij vindt dat ze veel sexappeal hebben en ook sociaal aantrekkelijk zijn. Kortom: mensen die in de smaak vallen bij een breed publiek. Op deze lijst kunnen beroemde en niet-beroemde namen voorkomen, maar het moeten wel mensen zijn die iets 'speciaals' hebben, van het type waarvan je met vrij grote zekerheid kunt voorspellen dat zo'n beetje iedereen in je omgeving zich toe aangetrokken voelt.

Bekijk nu het lijstje en ga na of je kunt benoemen wat deze mensen gemeen hebben. Om een vaardigheid te verwerven dien je immers eerst te achterhalen waaruit die precies bestaat. Maak je er niet druk om dat je talenten zou kopiëren; plagiaat plegen is les 1 van een succesvol image. Tenslotte doe je dagelijks wat je je ouders hebt zien doen, en nu wordt het tijd om mensen na te doen die op hún gebied toonaangevend zijn. Wat maakt hen zo aantrekkelijk? Is dat *alleen* hun schoonheid, of is het ook nog iets anders? Zijn het eigenschappen zoals zelfverzekerdheid en zelfrespect? Hoeveel mensen op je lijstje zijn in de gebruikelijke zin des woords níét knap? Wat hebben ze dat hen toch zo aantrekkelijk maakt? Wat in hun manier van doen zou jij kunnen overnemen?

Verfijn vervolgens het proces. Heb je bijvoorbeeld 'zelfvertrouwen' op je lijst genoteerd, schrijf daar dan naast hoe die eigenschap blijkt uit lichamelijke presentatie. Wat *doen* deze mensen dat jou op de gedachte brengt dat ze zelfvertrouwen hebben? Komt dat door hun glimlach? Of door hun lichaamshouding? Schoonheid heeft te maken met vormen of lijnen, maar *aantrekkelijkheid* is eerder iets wat iemand zelf creëert. Daarbij gaat het om wat we *doen* met de lichaamsvorm die ons is gegeven. Wat *doen* deze mensen die jij aantrekkelijk vindt met de vorm van hun lichaam?

Je lichaamstaal verbeteren

Hieronder benoem ik de fases die je door moet maken om een nieuwe vaardigheid zoals lichaamstaal onder de knie te krijgen.

1 Onbewuste incompetentie

Je begint op een relatief onbewust niveau. Je lichaamstaal is instinctief. Wanneer je jezelf echter op de video ziet, slaak je een kreet van afgrijzen, zodat je in fase 2 terechtkomt.

2 Bewuste incompetentie

Je wordt je ervan bewust dat je lichaamstaal je in de steek laat. Wanneer je iemand ontmoet die je wel ziet zitten, word je een kloon van Mister Bean. Je raakt ook het spoor bijster wanneer je probeert je potentiële partner te begrijpen. Je hebt het gevoel dat je beter zou moeten omgaan met zowel uitgaande als inkomende signalen, dus ga je over naar fase 3.

3 Bewuste verbetering

Je begint je lichaamstaal te veranderen om die effectiever te maken. Het gevolg is alleen dat je je een enorme hark gaat voelen. Je lichaam zegt je weer terug te gaan naar fase 1. Daar voelde je je in elk geval op je gemak, ook al zag dat er dan niet altijd zo uit. Maar houd vol, want fase 4 komt nu binnen je bereik.

4 Bewuste verbetering

Je past je eigen signalen aan en je houdt vol, ook al gaat het moeizaam. Op een gegeven moment gaat je nieuwe lichaamstaal je echter steeds beter af, zonder dat je er veel voor hoeft te doen. Je slaat niet meer telkens je armen over elkaar en bijt niet meer in je bovenlip wanneer je zenuwachtig wordt ten overstaan van iemand die je wel ziet zitten. Je glimlach wordt natuurlijker en je kunt prachtige verleidelijke blikken werpen. Het ongemak neemt af, want je spiergeheugen laat zich nu gelden. Nu hoef je alleen nog maar al die mannen/vrouwen van je af te slaan...

Wat moet je je tijdens dit veranderingsproces goed voor ogen blijven houden?

- Verspil geen energie met jaloers zijn op anderen. Ga na of zij trucjes gebruiken die jij kunt overnemen. 'Geluk' is meestal het resultaat van gewoon hard werken.
- Wees erop voorbereid dat je uit je luie stoel moet komen als je iets wilt verbeteren.
- Richt je aandacht op je doelen. Je kunt veel voor elkaar krijgen, veel meer dan je denkt.
- Begin met plannen maken, maar stel de actie niet uit. Thuis blijven zitten is niet de manier om na te gaan hoe aantrekkelijk je voor anderen bent. Ga erop uit en begin te netwerken.
- Accepteer geen ziekenbriefjes van jezelf. Suffe excuses voor een matige performance of een 'voorstelling afgelast' zijn gewoon niet acceptabel. Als je al begint jezelf te excuseren voordat je een poging hebt gewaagd, zal falen je deel zijn. Stel jezelf de vraag: *Probeer* ik wel om niet te falen? Probeer nooit een techniek of theorie uit alleen maar om te bewijzen dat die niet werkt.

Nee zeggen

Stel dat je aan de ontvangende kant staat van signalen waarop je niet wilt reageren, hoe ontmoedig je dan al in een vroeg stadium ongewenste aandacht zonder onbeleefd te zijn?

Je zou denken dat het in het begin van het spel gemakkelijk moet zijn om aan te geven dat je geen interesse hebt, maar helaas raken communicatielijnen verward en worden gebaren verkeerd geïnterpreteerd. Voor een seksueel rasoptimist bestaan er geen mannen of vrouwen die nee zeggen; sommigen hebben alleen maar een extra duwtje in de rug nodig.

Het proces is pijnlijk, omdat sommige signalen van een beginnende flirt misleidend kunnen zijn. Verlegenheid kan akelig veel lijken op gebrek aan belangstelling, zoals alle verlegen mensen tot hun ongenoegen zullen merken wanneer de man of vrouw van hun dromen naar hen toe komt om een praatje te maken en ze merken dat ze zelf niet weten wat ze moeten zeggen of hoe ze zich moeten bewegen. Ik heb talloze tv-programma's gezien waarin piepjonge tieners hun popidolen mogen ontmoeten. Het was een hartenwens van deze jongelui om die beroemdheid te spreken te krijgen, soms wel jarenlang, maar als het grote moment daar is, weten ze zich geen houding te geven en durven ze niet eens naar de ster te kijken. Hun lichaamstaalsignalen zou je, als je niet beter wist, kunnen aanzien voor de grootst mogelijke desinteresse. Veel mensen komen nooit helemaal over zulke ergerlijke aanvallen van verlegenheid heen wanneer ze voor het eerst iemand zien die hun aanstaat.

De eenvoudigste manier om een 'nee'-signaal een vertrek door te zenden is echter de persoon in kwestie de rug toe te keren. Kijk niet nog een keer, ook niet om na te gaan of hij of zij nog steeds op jou let. Doe je dat wel, dan kan het lijken of je toch belangstelling hebt, of althans bereid bent de eerste stadia van het kijkritueel te doorlopen. Maak een 'barrièregebaar' door bijvoorbeeld je armen voor je borst over elkaar te slaan of naar degene met wie je op dat moment staat te praten toe te buigen. Zit je op een stoel, breek dan eventuele empathiegebaren af door van de geïnteresseerde partij afgewend je benen over elkaar te slaan. Vermijd zelfverzorgende gebaren en raak je eigen lichaam niet aan. Handhaaf je normale gedrag, maar doe niets wat de aandacht kan trekken, zoals bijvoorbeeld hard lachen.

Ben je zelf de ontvanger van dergelijke afsluitende responsen, vat ze dan op als een 'nee'. Doe geen moeite over te gaan naar de volgende fase in de hoop dat je deze gebaren verkeerd hebt geïnterpreteerd.

Het kan voorkomen dat een opdringerig type zich door geen enkele van de bovenstaande tips laat weerhouden. De beste tactiek is dan zo iemand te *zeggen* dat je geen interesse hebt en als deze verbale boodschap wordt genegeerd nog directere actie te ondernemen. Dit soort meer elegante rituelen zijn bedoeld om bij sociale gelegenheden aan te geven dat je geen belangstelling hebt.

Gemengde boodschappen

Houd altijd in gedachten dat sociale of zakelijke situaties een heleboel gelegenheden scheppen voor gemengde boodschappen. Iemand kan een praatje met je maken uit beleefdheid en niet omdat hij of zij hunkert naar jouw lichaam. Op het werk zijn de omgangsregels zo mogelijk nog complexer, want daar speelt ook status nog een rol. Ik heb al vaak meegemaakt dat mannelijke chefs de adoratie en bereidheid om vragen met 'ja' te beantwoorden van hun persoonlijk assistente aanzagen voor seksuele aantrekkingskracht. Wanneer jij de baas bent, is het erg moeilijk te zeggen of iemand zich echt tot je aangetrokken voelt.

Het is voor een werknemer ook niet makkelijk om assertief om te gaan met een seksuele toenaderingspoging van zijn of haar baas. Veel mensen zullen dan denken dat hun baan op het spel staat. Er bestaan wetten voor dit soort gevallen, maar vaak zal slechts één persoon binnen zo'n scenario zich daaraan willen houden. Pas héél goed op hoe je de signalen interpreteert. Zelfs wanneer degene op wie je een oogje hebt een collega is, kan het uiterst risicovol zijn om in het contact of het flirten een stap verder te gaan.

Een rol spelen

Bedenk dat een groot deel van wat je uit dit boek zult leren, in feite te omschrijven is als acteren of – in termen van lichaamstaal – als maskeren. Ik ga er echter waarschijnlijk terecht van uit dat je geen volleerd acteur of actrice bent. Maar ook al ben je dat wel, dan nog kun je moeite hebben met je lichaamstaal.

Wat helpt is om van binnenuit met de verbeteringen te beginnen. Daarom bestaat de volgende stap uit werken aan je zelfvertrouwen en zelfrespect.

5 Zelfvertrouwen: aantrekkelijkheid komt van binnenuit

Vergeet niet dat de manier waarop je *denkt* invloed heeft op hoe je je *voelt*, wat weer invloed heeft op hoe je je *gedraagt*, wat op zijn beurt inwerkt op hoe je *denkt*, enzovoort. Verander één stap in deze cyclus en de andere elementen veranderen mee.

Het is onmogelijk om je uitwendige signalen te perfectioneren wanneer de inwendige boodschappen niet kloppen. Oké, misschien ben je een goed acteur of actrice, maar zelfs mensen met een diploma van de toneelschool op zak kunnen er moeite mee hebben op de planken ál hun gebaren overtuigend te maken.

Binnen het kader van lichaamstaal noemen we acteren maskeren. Wanneer je doet of je meer zelfvertrouwen hebt dan je vanbinnen voelt, kun je jezelf best aardig presenteren, maar dat lukt je níét lange tijd aan één stuk. Vroeg of laat zullen je gebaren te lijden krijgen van zogeheten *lekkage*, wat betekent dat je werkelijke gevoelens sneller naar buiten doorsijpelen dan een politicus een leugen kan debiteren.

Dat wat je vanbinnen voelt is vanbuiten aan je te zien, als een sandwichbord waarop staat wat voor iemand je bent. Wanneer je onder druk staat omdat je je nerveus of onhandig voelt in de eerste fases van een relatie, wordt de tekst op dat sandwichbord vaak eerlijker en onthullender. Je kunt naar een feestje gaan met een bord met de tekst: CHARISMATISCH EN ENIG, MET EEN VLEUGJE OPWINDENDE SEKSUALITEIT, maar na een poosje loop je waarschijnlijk eerder rond met het opschrift: LOSER MET OVERGEWICHT, DODELIJK VERLEGEN EN STOMVERVELEND. Tja, zo is het leven!

De eerste aan wie je jezelf moet zien te verkopen, ben *jij*. Zelfvertrouwen is te koop in de vorm van dure kleren en verzorgingsproducten, maar als je vanbinnen geen zelfvertrouwen voelt, moet je bij het begin beginnen.

Seksueel zelfvertrouwen

Zijn mannen zelfverzekerder dan vrouwen? Volgens mannen niet. Ik word er voortdurend aan herinnerd dat mannen zich net zo zorgelijk en verlegen voelen als vrouwen, hoewel ze hun onzekerheden waarschijnlijk wel beter kunnen maskeren. Vrouwen vinden het makkelijker hun gebrek aan geloof in zichzelf te bespreken. Alleen in de zakenwereld hebben vrouwen zich genoodzaakt gezien om zichzelf met verve te presenteren alsof ze geen onzekerheden kennen, maar mannen hebben dat al van jongs af aan moeten leren. De ultieme 'test' voor een man is zijn vermogen om een erectie te krijgen en te handhaven. Gebrek aan zelfvertrouwen kan deze simpele vaardigheid in gevaar brengen. 'Bluffen' kan dus van het grootste belang zijn. In zekere zin is het een vorm van zelfcoaching: ze moeten zichzelf ervan zien te overtuigen dat, ook al houden vrouwen nog zoveel van types als Tom Cruise en Brad Pitt, hun eigen variaties op dit ideaal toch op de een of andere manier aantrekkelijk zijn.

Het pantser mag dan dikker zijn, qua gevoeligheid verschillen mannen en vrouwen niet veel van elkaar. Naarmate vrouwen ouder worden, lijken ze wat uiterlijk betreft meer druk uit te oefenen op elkaar dan mannen druk uitoefenen op hen. Mannen zullen elkaar eerder iets wijsmaken wanneer hun taille dikker wordt en hun haargrens gaat wijken, maar de saamhorigheid lijkt sterker. Groepen lelijke mannen kunnen elkaar monter in de overtuiging bevestigen dat ze er heus nog niet zo slecht uitzien.

Toen ik onderzoek deed voor mijn boek *Sex at Work*, stond ik er geregeld van te kijken dat groepen gezette zakenmannen van middelbare leeftijd over elkaar spraken alsof ze nog knappe jonge kerels waren. Mannen die voor vrouwen vader- en grootvaderfiguren waren, werden door hun collega's gezien als smakelijke seksgoden die op jacht waren naar jongere vrouwen binnen het bedrijf en hun keus konden bepalen.

Zelfrespect is bij seksuele aantrekkingskracht een doorslaggevende factor. Begin je eenmaal gesteld te raken op jezelf en op hoe je eruitziet, dan geef je daarmee anderen toestemming om jou ook te mogen. Maar wanneer je almaar lichamelijke en verbale boodschappen uitzendt dat je niet veel voorstelt, stuur je hun waarneming van en mening over jou in een negatieve richting. Het valt immers niet mee om gesteld te raken op mensen die niet op zichzelf gesteld zijn. Zelfvertrouwen werkt aanstekelijk. Maar vergeet niet dat zelfvertrouwen niet hetzelfde is als arrogantie. Zelfvertrouwen kan een opwarmer zijn, maar arrogantie is voornamelijk een afknapper.

Zo krijg je innerlijk zelfvertrouwen

Innerlijk zelfvertrouwen krijgen: het klinkt simpel, maar dat is het natuurlijk niet. Laat je daardoor echter niet uit het veld slaan. Zelfvertrouwen is iets heel aantrekkelijks. We worden naar zelfverzekerde mensen toe getrokken. Ze zien er beter uit en lijken meer open te staan voor een praatje. Wanneer zo iemand ook nog eens charismatisch is, slaan zijn zelfvertrouwen en positiviteit welhaast op jou over. Zulke mensen geven je een beter gevoel. Nelson Mandela had het ooit over 'jezelf laten stralen, want als je dat doet geef je de mensen om je heen toestemming om hetzelfde te doen'.

Dus: *laat jezelf stralen.*

Neem jezelf onder handen

Neem een paar minuten de tijd om na te gaan hoe het met je manier van denken is gesteld en wat het verband is met je gedragspatronen. Succesvolle mensen zijn vaak gefocust en barsten van de positieve energie. Op die manier kunnen ze goed potentieel ontwaren en gaan ze daar meteen op af. Ze denken positief en handelen doelgericht. Wie hen niet kan evenaren, heeft de neiging te aarzelen of zich te laten afleiden van zijn doelstellingen.

Vraag je af welke van de volgende eigenschappen op jou van toepassing zijn.

1   Veel energie en veel focus
In dit geval zal zelfverbetering je relatief makkelijk afgaan. Je kunt je doelstellingen benoemen en er energie aan besteden om ze te bereiken.

2   Veel energie en weinig focus
In dit geval word je snel afgeleid. Actie ondernemen vind je niet moeilijk, maar je bent geneigd al je energie te verspillen aan niet-geplande en onafgemaakte projecten.

3   Weinig energie en veel focus
Je besteedt een heleboel tijd aan denken, plannen, wensen en klagen, maar erg weinig aan *doen*. Mensen kunnen je als nogal afstandelijk ervaren.

4   Weinig energie en weinig focus
Je wordt ofwel als een ontspannen type beschouwd (soms wat al te relaxed), ofwel als uiterst negatief. Je hebt bovendien de neiging geringschattend te doen over prestaties van anderen. Je denkt dat zij alleen maar zijn geslaagd omdat ze als geluksvogels geboren zijn of omdat ze hebben gelogen over hun suc-

ces. Door zo te denken rechtvaardig je voor jezelf dat jíj niet in beweging komt.

Op jezelf gesteld raken

Als je niet bijster gesteld bent op jezelf of op hoe je eruitziet, zul je er heel wat problemen mee hebben om te begrijpen dat een ander wél iets in je ziet. Dat kan inhouden dat je iedereen die jou probeert nader te komen onaardig kunt gaan vinden of kunt gaan wantrouwen.

Hoe leer je om op jezelf gesteld te raken?

Doe dingen die bewonderenswaardig zijn. Maak een lijstje van dingen die je hebt gedaan die dapper of de moeite waard waren, of onder de categorie slim of goed vallen. Krijg respect voor jezelf. Wees assertief. Ga na op welke levensterreinen je je als een voetveeg gedraagt en doe er iets aan. Wees een paar keer per dag sterk. Doe ook eens iets aardigs voor een ander, bewijs hem of haar een gunst zonder er iets voor terug te verwachten.

En vooral: *hou op met klagen.*

Klagen heeft invloed op elke vezel van je lichaam. Je wordt er lelijk van. Het verandert je houding en je gezichtsuitdrukking, en hangt als gevolg daarvan als een radioactieve wolk over je heen. Ben ik nu te streng? Vast wel. Maar hou ermee op, en wel nu!

Proberen te falen

Als je almaar de 'spier' van je zelfvertrouwen oefent, wordt die steeds groter en sterker. Maar je kunt hem ook weer laten slinken door jezelf en anderen voor te houden dat je nergens goed in bent, onaantrekkelijk bent en ga zo maar door, of door in gedachten 'ziekenbriefjes' op te stellen: excuses om iets niet te proberen, of om er niet goed in te zijn. Ziekenbriefjes duiden erop dat je *probeert te falen*. Een typerend ziekenbriefje zou eruit kunnen bestaan dat je niet eens probeert een praatje aan te knopen met die leuke man of vrouw op een feestje, omdat je gewoon wéét dat die persoon jou toch niet aantrekkelijk vindt. Of je gaat niet naar die avond voor singles, omdat je gewoon niet goed in dat soort dingen bent.

De mentaliteit van 'proberen te falen' is moeilijk uit te roeien. Het is net alsof de toekomst al vaststaat en er een briefje op je geplakt zit met: SPAAR JE DE MOEITE. Maar het leuke van de toekomst is nou juist dat we nooit weten wat die voor ons in petto heeft. De enige manier waarop je er wél voorspellingen over kunt doen is door ziekenbriefjes te schrijven.

Zo wéét ik bijvoorbeeld dat ik nooit de loterij zal winnen. Dat weet ik heel zeker, omdat ik nooit een lot koop. En waarom koop ik geen lot? Omdat ik toch nooit mazzel heb met dat soort dingen. Omdat ik nou eenmaal nooit iets win. Waarom win ik nooit iets? Omdat ik nooit een lot koop... Moet ik nog verdergaan, of begrijp je nu wel hoe het werkt?

Wanneer ik werk met mensen die 'proberen te falen', merk ik dat ik ze best met meer of minder zachte dwang tot een positievere houding kan bewegen, maar van daaruit proberen ze dan vervolgens alleen maar te bewijzen dat ik toch geen gelijk heb. Ze vinden niets leuker dan bewijzen dat iets niet werkt.

Werk je aan je lichaamstaaltechnieken, probeer dan nooit te falen. Zet je ervoor in en blijf proberen, ook al werkt het misschien niet meteen.

Zelfvertrouwen is doelen stellen

Een goede manier om aan je zelfvertrouwen te werken, is om gebruik te maken van dezelfde technieken die ik toepas om fobieën te overwinnen. Wanneer we in een bepaalde situatie te weinig zelfvertrouwen hebben, zullen we zo'n situatie zoveel mogelijk proberen te vermijden. Het is verleidelijk om op safe te blijven spelen, ook al krijgen we dan niet wat we van het leven willen.

Er zijn situaties die ons een ongemakkelijk gevoel geven. Vele daarvan zijn sociale situaties of situaties waarin iets moet worden 'gepresteerd', zoals 'een kamer rondgaan' op een feestje, of een speech houden voor een groot publiek. De enige manier om in zulke situaties meer zelfvertrouwen te krijgen, is om je erin te storten en te doen wat je moet doen. Werk eraan om je vaardigheden en technieken te verbeteren, en ga er dan op af. Hoe vaker je het probeert, hoe makkelijker het je zal afgaan. Ga een grotere uitdaging aan, dan zul je vanzelf minder opzien tegen de kleinere uitdagingen.

Zit je maar twee keer per jaar achter het stuur, dan kun je vast niet goed autorijden. Vaardigheden verbeteren naarmate je ze meer oefent. Hetzelfde geldt voor de meeste andere dingen in het leven, variërend van zaken als jezelf bij een sociale gelegenheid voorstellen en een praatje maken, tot seks bedrijven. Hoe vaker je het doet, hoe beter je erin wordt. Het zal niet elke keer fantastisch gaan, maar je begint dan in elk geval wel te leren wat werkt en wat niet.

Bereik je niet elke keer je doel, denk dan niet dat het fout was om het überhaupt te proberen. Zo denken alleen losers en dan verdien je billenkoek. Je hebt alleen maar geleerd wat niét heeft gewerkt. Dat is niet meer dan een technische storing, geen signaal dat je het maar moet opgeven. Het kan voor niemand kwaad om erachter te komen wanneer het tijd wordt te stoppen, maar dat punt mag nooit aanbreken voordat je ook maar een poging hebt gewaagd.

Pak nu een vel papier en maak een lijstje 'uitdagingen voor zelfvertrouwen'. Dit zijn gebeurtenissen die in de verste verte niet levensbedreigend of lichamelijk gevaarlijk zijn, maar die je wel qua zelfvertrouwen op de proef stellen. Denk aan al die keren waarbij je bibberknieën kreeg en noteer ze. Het kunnen kleine dingen zijn (proberen een praatje aan te knopen met een arrogant uitziende winkelbediende) of grotere (een speech houden op de bruiloft van een vriend of vriendin). Ik persoonlijk beschouw een bod doen op een veiling of een grapje maken in een sociale groep als een kleine uitdaging. Een grotere uitdaging is bijvoorbeeld karaoke zingen in een café.

Zie je grootste angst onder ogen

De meeste mensen kunnen wel één ding noemen dat hun innerlijk zelfvertrouwen het meest op de proef stelt, en deze angst ga je nu onder ogen zien om op dit vlak te kunnen groeien en stralen. De grootste angst die de meeste mensen hebben is makkelijk te omschrijven. Het is *de angst om belachelijk over te komen, om jezelf voor paal te zetten. De gierende angst om in de ogen van een ander een driedubbel overgehaalde sufferd te zijn.*

Heb je dit eenmaal onderkend en voor jezelf toegegeven, dan kun je er iets aan gaan doen. We zullen deze angst nader bekijken en er door dat te doen overheen komen. We geven hem een pak voor zijn broek en sturen hem jankend naar zijn mammie. Deze angst kan ons alleen maar kwaad doen als wij dat toelaten.

Stomme idioot!

Als je je stom gedraagt, ga je daar niet dood aan en je loopt er evenmin lichamelijk letsel van op. Ik ben bang om op rotsblokken te klimmen en voor Russische roulette, maar ik durf mezelf best voor aap te zetten. Dat heb ik al vaak genoeg gedaan. Ik doe het zelfs met opzet. Vaak vind ik het nog leuk ook. Je maakt er mensen mee aan het lachen. Clowns en komieken verdienen er hun brood mee. De rest van de mensheid wil er echter niet veel van hebben. We zijn er te stijfjes voor. Ons is geleerd dat we ons zo moeten gedragen dat de rest van de maatschappij ons gedrag acceptabel vindt, en dat houdt in dat we serieus en goedgemanierd zijn.

Het ergste waarvan ik als kind kon worden beschuldigd, was dat ik 'aandacht probeerde te trekken'. Of dat ik 'stom deed'. Maar stom doen betekent niet dat je ook stom bent.

Denk terug aan een gelegenheid in je jeugd waarbij je werd gezegd dat je ergens mee moest ophouden omdat het kinderachtig of stom was. Voor mijzelf was dat duimzuigen. Voor andere kinderen was het de 'waarom'-vraag stellen. Mijn generatie mocht heel weinig 'kinderachtige' dingen doen, zodat ik op mijn elfde al rondliep met make-up en hoge hakken.

De angst om er stom uit te zien of stom te klinken is een grote rem. Verlegen mensen zijn er zo bang voor, dat ze uit angst om uitgelachen te worden maar liever niets meer zeggen of doen. Ze hebben nare herinneringen aan incidenten uit hun jeugd waarbij ze werden uitgelachen of werden geplaagd, en op basis daarvan hebben ze besloten dat ze het maar beter niet nog eens kunnen proberen.

Wanneer we bang zijn om ons belachelijk te maken, analyseren we elke opmerking die we zouden willen maken dood en vinden we dat daar van alles aan mankeert nog voordat we de woorden ook maar hebben uitgesproken. We stellen ons afkeuring en hoon voor, en wel zo effectief dat we die ook zien waar ze niet zijn.

Ik zou graag willen dat je deze angst zou kwijtraken. Die belemmert je namelijk in elk stadium van het seksuele proces. Ik las een keer iets over een man die acteurs traint in komieke vaardigheden. Hij zei dat ze de training zwaar vonden, omdat ze de pias moesten uithangen en sommigen daar agressief van werden. Angst heeft vele gezichten en agressie is daar een van.

Ik ga je vragen of je iets belangrijks wilt doen. Om het je goed in te prenten druk ik me een beetje maf uit, maar ach, wie maalt erom of hij stom overkomt? Ik ga je namelijk vragen om de clown in jezelf tot leven te laten komen.

Breng de clown in jezelf tot leven

Klinkt dit je bekend in de oren? Oké, ik heb dit idee gejat. Maar het werkt wel als je je zelfvertrouwen wilt opkrikken. Het is de eerste en belangrijkste stap die je kunt zetten. Ik heb als model op de catwalk gelopen, en catwalkmodellen kunnen al snel ongelukjes krijgen: hun kleren kunnen losraken, hun hakken kunnen breken, en ze kunnen struikelen. Maar wat ik heb geleerd is niet dat je er donder op kunt zeggen dat je voor je publiek afgaat, maar eerder dat het publiek alleen maar *om* je moet lachen als je pretentieus en gereserveerd doet. Wanneer je je echter gedraagt als een aardig menselijk wezen, lachen ze *met* je mee. Dan hebben *beide* partijen plezier. Het mooiste geluid vind ik dat van een publiek dat om mijn grappen lacht. Om zover te komen moet je een paar dingen loslaten die je je leven lang hebben geremd. Remmingen staan niet garant voor een goed seksleven.

Er zijn ergere dingen dan een tikje dwaas overkomen. Een daarvan is: zo gereserveerd en cool overkomen dat je nooit in gesprek zult raken met degene op wie je een oogje hebt. Een ander heeft weer het probleem dat hij zich zoveel zorgen maakt om zijn uiterlijk of hoe zijn woorden overkomen, dat hij maar helemaal niets zegt of doet. Het leven is vol risico's. Tijdelijk je waardigheid riskeren is nog maar een van de allerkleinste!

Jezelf motiveren en coachen

Onthoud één ding: *versaag niet.*
Pak jezelf stevig aan. Geef jezelf een peptalk. Prijs jezelf. Zeg tegen jezelf dat je er goed uitziet. Zeg tegen jezelf dat je goed *bent*. En herhaal dat.

Bedenk persoonlijke mantra's voor cruciale momenten, zoals naar een feestje gaan of iemand benaderen die je wel aanstaat. Houd jezelf voor dat je op jezelf gesteld bent. Zeg tegen jezelf dat je vindt dat je er goed uitziet.

Persoonlijke mantra's moeten jou goed in de oren klinken, dus ik kan ze niet voor je schrijven. Maar houd ze simpel. Ik zal je wat voorbeelden geven.

- Ik voel me kalm en zelfverzekerd, en heb de touwtjes in handen.
- Ik zie er prachtig uit en voel me ook zo.
- Ik straal een enorm charisma uit.
- Mensen kunnen niet wachten om mij te leren kennen.
- Ik ben geestig, slim en sexy.
- Ik geef mezelf toestemming om te stralen.

Klinkt zo'n mantra je belachelijk arrogant in de oren, maak je dan geen zorgen. We zijn nu bezig om tientallen jaren van bescheidenheid en zelfverwijt om te turnen, dus stappen in de tegengestelde richting kunnen niet anders dan radicaal zijn.

Ontspannen en groeien

Elke keer dat je je persoonlijke mantra herhaalt, sta je je lichaam met die boodschap toe zich te ontspannen en te groeien. Voel hoe waar de woorden zijn en laat ze tot je hele lichaam doordringen. Het effect op je houding en lichaamstaal zal enorm zijn, maar alleen als je je cynische stemmetje dat zegt 'Stomme idioot!' het zwijgen oplegt.

Om je zelfvertrouwen en zelfrespect echt op te krikken, zul je zowel bewondering moeten krijgen voor je uiterlijke verschijning als voor je persoonlijkheid. Je uiterlijk heeft veel invloed op je innerlijke zelfvertrouwen, en je zelfrespect heeft op zijn beurt veel invloed op hoe je eruitziet.

Zie je er jong uit, dan gebruik je waarschijnlijk je vrienden en vriendinnen, of je medeleerlingen of medestudenten, als een mal voor het 'ideale' uiterlijk. Vooral meisjes beschikken over allerlei maniertjes om te beoordelen wie in hun groep de mooiste is. Elke school heeft zijn 'mooiste meisje' en haar status wordt – verrassend genoeg – door de anderen vaak zonder daar vraagtekens bij te zetten geaccepteerd. Zulke meisjes worden bewonderd en zijn zelfs een bron van trots. Maar interessant is dat dit zelden de meisjes zijn die door jongens worden benaderd. Die eer gaat naar het meisje dat het meest *aantrekkelijk* wordt gevonden. Die factor kan voor de andere meisjes een groot mysterie zijn, want ze kunnen de elementen waaruit die aantrekkelijkheid bestaat minder goed inschatten. Zij hanteren bijvoorbeeld een slank lijf als maatstaf, terwijl de jongens zich aangetrokken voelen tot welvingen die de meisjes zelf 'dik' zouden noemen.

Jongens weten waarschijnlijk nog minder goed dan meisjes wat hen in de ogen van een vrouw aantrekkelijk maakt. Zij hebben minder rolmodellen en oogsten voornamelijk de bewondering van andere jongens, en niet van meisjes. Zelfvertrouwen of lef wordt meestal als de belangrijkste factor van aantrekkelijkheid gezien, zolang die maar gepaard gaat met een behoorlijke lichamelijke verschijning en een knap gezicht, hoewel de maatstaven daarvoor meer variabel zijn. De simpele waarheid is dat een jongen met lef eerder op meisjes af zal stappen. Hier treedt het loterijprincipe in werking: zo'n jongen maakt hier en daar een praatje en wint zo nu en dan een prijs. De andere jongens zien alleen de winst, maar niet al die keren dat er onderweg wordt verloren. Jongens die er beter uitzien, kunnen het risico van een afwijzing vermijden door helemaal geen enkele poging te wagen, dus de jongen die wél in actie komt en af en toe succes heeft, wordt als kampioen beschouwd.

Lichaamsproblemen

Hoe zelfverzekerd voel jíj je over je lichaam? Staat de vorm ervan je wel aan? Of zou je willen dat je dunner, langer of gespierder was? Zijn er bepaalde delen van je lichaam die je in een ideale wereld zou willen verbeteren? Zou je wel iets voelen voor plastische chirurgie of voor een effectief dieet?

Lichamelijke fitheid – waarmee ik goedkeuring van je eigen lichaam bedoel – is erg belangrijk als je aantrekkelijk wilt overkomen op een potentiële partner. 'Lekker in je vel zitten' is de beste manier om het lichamelijk zelfvertrouwen te omschrijven waarvan ik zou willen dat je het had. Het is een staat waarin je je niet verbaal of niet-verbaal verontschuldigt voor hoe je eruitziet, zelfs niet in de vorm van grapjes. Ik hou van humor, maar de meeste grapjes zijn een vorm van agressie. Wanneer je je eigen verschijning omlaaghaalt, ben je agressief tegenover jezelf. Dat zal je innerlijk zelfvertrouwen aantasten. En dat terwijl je al je zelfvertrouwen hard nodig hebt als je op jacht bent.

Om er goed uit te zien moet je je lichamelijke sterke punten benadrukken, en niet je zwakheden. Wanneer we geobsedeerd raken door een bepaald onderdeel van onze uiterlijke verschijning of daar een afkeer van krijgen, hebben we de neiging dat op twee manieren te benadrukken. Ten eerste vestigen we er de aandacht op door het erover te hebben. Gek, nietwaar? Gebrek aan zelfrespect lijkt ons ertoe te dwingen precies datgene aan te wijzen waarvan we het liefst willen dat het niet wordt opgemerkt, en er vervolgens over door te gaan. Als reden voor dit merkwaardige gedrag hoor ik vaak: 'Het lijkt me dat ik er maar beter zelf iets over kan zeggen, voordat iemand anders dat doet.' Maar de *werkelijke* reden is vaak een psychologisch verlangen naar goedkeuring. Maak een opmerking over je enorme neus, en je kunt er donder op zeggen dat iemand anders je zegt dat het best meevalt en dat je reukorgaan eigenlijk heel mooi is. Beledigingen aan je eigen adres zijn een manipulatieve truc om complimentjes te krijgen en op die manier je ego te strelen. Alleen weten we diep in ons hart wel dat het compliment niet meer is dan vleierij, dus willen we het hele proces graag tot vervelens toe herhaald zien.

Ten tweede vestigen we de aandacht op vermeende gebreken door ze te verstoppen of te camoufleren. Om blikken af te leiden van bepaalde lichaamsdelen, bedekken we die met onze handen en/of armen. Daardoor worden ze visueel intrigerend, waardoor juist alle aandacht ernaartoe getrokken wordt. Tegen andere mensen zeggen dat ze ergens niet naar moeten kijken omdat het iets onaantrekkelijks is, is een gebod dat niet zomaar zal worden opgevolgd. Andere mensen zijn het meestal eens met het oordeel dat je over jezelf geeft. Als iemand je vertelt dat hij of zij saai of verlegen is, zul je de spreker zelden van het tegendeel proberen te overtuigen. Als iemand je stilzwijgend zegt dat je niet naar zijn of haar lelijke mond moet kijken, zul je zowel willen kijken als door die mond worden afgestoten.

Een dergelijk omlaaghalen van je lichaam zal invloed hebben op de mening van anderen over jouw uiterlijk, en ook op je *eigen* mening. Negatieve gebaren zijn voor je onderbewuste bevestigende boodschappen. Positieve gebaren verbeteren je gevoel van eigenwaarde.

Bodycheck

Stel jezelf de volgende vragen: Welke delen van mijn lichaam staan me niet aan? Maak ik gebruik van gebaren om die lichaamsdelen te verstoppen? Hou ik mijn hand voor mijn mond als ik lach? Raak ik als ik zit te praten mijn neus aan? Zit ik voortdurend aan mijn haar te frunniken? Sla ik mijn armen over elkaar voor mijn borst of buik?

Dat soort verstopgebaren dien je uit je repertoire te schrappen. Ze zeggen dat wanneer de politie een dealer vraagt waar hij zijn drugs heeft verstopt, die dealer altijd voordat hij met een leugen antwoordt een snelle blik op precies die verstopplaats werpt. Het is net alsof het lichaam ontzettend graag de waarheid wil spreken. Laat je lichaam nooit alles onthullen over een lichamelijke tekortkoming. Streef er altijd naar uit te stralen dat je trots op je lichaam bent en je er niet voor geneert.

Op je paasbest

Wanneer je aantrekkelijk op anderen wilt overkomen, doe je er waarschijnlijk alles aan om er op je paasbest uit te zien. Je kunt je haarkleur en kapsel veranderen, make-up of verzorgingsproducten gebruiken, en jezelf marineren in geurtjes, deodorants en lichaamssprays in een poging ook nog eens lekker te ruiken.

Schoonheids- en modeproducten zijn een geweldige uitvinding, maar niet als ze je in je onderbewuste een negatief gevoel over jezelf geven. Houd jezelf wanneer je ze gebruikt voor dat deze producten leuk zijn om te gebruiken, maar dat je er zonder nog veel beter uitziet. Anders worden ze een rekwisiet of een masker dat je niet kunt missen.

Probeer ook innerlijk te veranderen

Als je leert je op een zelfverzekerde manier te bewegen, zal die lichamelijke toestand voor je onderbewuste een positieve bekrachtiging vormen, en het gevolg daarvan is dat je je zelfverzekerder gaat *voelen*. Zelfverzekerde lichaamstaal is relatief makkelijk aan te leren, en door dit hele boek heen beschrijf ik een heleboel gebarentechnieken. Je kunt zelf een eenvoudig begin maken.

- Richt je in je volle lengte op.
- Rol met je schouders heen en weer om ze te ontspannen.
- Trek je schouders naar achteren en naar beneden.
- Maak je nek lang.
- Maak gebruik van open gebaren; steek niet je handen in je zakken en vouw je armen niet over elkaar.
- Maak tijdens het praten gebruik van empathische gebaren.
- Vermijd gefriemel en gewapper.
- Maak gebruik van langere periodes van oogcontact, maar verzacht je blik met een 'oogglimlach' om niet de indruk te wekken dat je staart.
- Adem uit om de spanning in je borstkas te verminderen. Maak je uitademing zo lang mogelijk. (Wil je eerst inademen om te zorgen dat je niet het loodje legt vanwege zuurstoftekort, doe dat dan.)
- Glimlach.

De zes stappen naar zelfvertrouwen zijn als volgt samen te vatten:

1. Staak je pogingen om te falen.
2. Maak je er niet druk om of je een flater zult slaan.
3. Pep jezelf op met positieve mantra's.
4. Blijf de spier van je zelfvertrouwen oefenen door elke dag

dingen te doen die je zelfvertrouwen vergroten.

5. Laat het zelfvertrouwen dat je vanbinnen voelt tot uitdrukking komen in je lichaamstaal.

6. Maak je lichaamstaal zelfverzekerder om je ook zelfverzekerder te gaan voelen.

6 Locatie, locatie, locatie

Oké, je hebt nu geleerd wat de basisvaardigheden van lichaamstaal zijn, je kent het belang van de eerste blik, en je hebt je zelfvertrouwen opgekrikt. De volgende stap is dat je je een paar
nieuwe trucjes eigen maakt op het gebied van flirten en charisma. Maar voordat je druk met je wimpers gaat zitten werken,
moet je eerst nog ergens anders bij stilstaan.

Op welk seksueel jachtterrein zou je je het liefst begeven?
Deze beslissing kan van cruciaal belang zijn. Het succes dat
je scoort met stap 1 van je lichaamstaalvaardigheden zal *sterk*
afhangen van *de plek* waar je je toekomstige partner denkt te
gaan ontmoeten. Sommige locaties werken snelle technieken
om iemand op te pikken in de hand, waarbij dan weinig gelegenheid is om indruk te maken met je intellect of de diepgang van
je persoonlijkheid. Op andere plekken krijg je meer tijd om te
manoeuvreren naar een of meer latere fases van het versieren.

Het Rochester-scenario

Ken je Jane Eyre nog? Tegenwoordig zou Jane evenveel kans
hebben om Mr. Rochester aan de haak te slaan als jij om het aan
te leggen met Brad Pitt. Zet aan het ene uiteinde van de schaal
een machtige, rijke, humeurige, lelijk-aantrekkelijke man (single), compleet met een aanbiddelijke pupil en een schitterend
groot huis, en aan de andere kant een ziekelijk uitziende, lelijke
vrijgezelle vrouw die niet van plan is zich op te tutten en wier
persoonlijkheid alleen te beschrijven is met woorden als 'verle-

gen', 'ernstig' en 'koppig', en je zou niet bepaald verwachten dat de vonken ervanaf vlogen. De eerste keus van deze man was een mooie, exotische en bijdehante vrouw, dus waarnaar zou jij denken dat hij daarná op zoek was? Nou, waarschijnlijk naar een vrouw die daarop lijkt, als zijn seksuele neigingen hem ooit die kant op hebben gestuurd. Een man die een poster van Jennifer Lopez aan zijn muur heeft hangen zal echt niet warm worden van de Zangeres zonder Naam, of wel soms?

Maar Jane had de tijd mee. Ze woonde in het huis van die man. Ze was er altijd als hij thuiskwam en zin had in een praatje. Als ze elkaar op een dansfeest hadden leren kennen, zou ze nooit met hem in gesprek zijn geraakt, laat staan dat ze de kans zou hebben gekregen om het met hem aan te leggen. In de ogen van haar baas zou ze waarschijnlijk een delete-geval zijn op grond van leeftijd, sociale status en klasse – en de barbie-factor.

Maar hun nabijheid bood een kans. Rochester keek verder dan de muizige façade en kreeg oog voor de uitbundige, vurige seksbom die Jane vanbinnen was. Gelukkig voor hem en voor Jane werd hij ook nog eens blind. Zonder dat hij werd afgeleid van haar opzettelijk kleurloze verschijning, kon hij al zijn aandacht richten op de gloedvolle ziel die hij had ontdekt en zich voorstellen dat ze eruitzag als zijn eerste vrouw in plaats van als Moeder Teresa.

Kies een locatie die aansluit bij je sterke punten

Als je iets te zeggen hebt over de keuze van je jachtterrein, vergeet dan niet om dat als middel te gebruiken om je sterke punten uit te buiten. Scoor je hoog op de schaal van sociale aantrekkelijkheid, ga dan naar drukke plekken zoals nachtclubs, waar mensen al snel hun hoofd naar je omdraaien. Maar zie je er té goed uit (tja, sommige mensen moeten dat kruis nu eenmaal dragen), houd dan de theorie 'gelijken trekken elkaar aan' voor ogen. Mensen hebben de neiging zich aangetrokken te voelen tot anderen van hun eigen niveau. Kom je over als een onbereikbaar iemand, dan zul je merken dat je niet wordt benaderd, behalve dan door een paar superarrogante figuren, of door mensen die ervan verzekerd zijn dat hun niet al te fraaie trekken worden gecompenseerd door macht en/of status. Staat dat laatste type je aan, probeer zo iemand dan te treffen op een plek waar ook veel andere machtige, rijke mensen zijn, want anders maak je geen kans.

Hoewel dit boek je vertelt hoe je je kans van slagen kunt vergroten los van de plek waar je je toekomstige partner ontmoet, kan een beetje planning vooraf over waar je je trukendoos gaat opentrekken geen kwaad. Grofweg kun je de volgende richtlijnen aanhouden:

1 Club of café

Voordelen: De zachte verlichting is flatterend. Harde muziek kan gebrek aan persoonlijkheid verhullen.

Zelfs in de moderne maatschappij kennen we de trend om op jacht te gaan naar een partner in zachtverlichte ruimtes, zoals clubs en cafés. Hier 'mag' je staren naar degenen op de dansvloer, hoewel het halfdonker veel van je visuele receptoren afzwakt, terwijl de alcohol die je naar binnen giet je minder kritisch kan maken. Het idee van rondscharrelen in het donker, is dat je meer kans hebt om visueel aantrekkelijk over te komen wanneer het zicht opzettelijk wordt belemmerd. Verder wordt verbale communicatie overbodig gemaakt door het volume van de muziek. Dan blijven over de tastzin en reukzin, en een enigszins merkwaardig vertoon van lichaamstaal dat dansen wordt genoemd. Geen wonder dat mensen naar clubs gaan terwijl ze zich rijkelijk hebben besprenkeld met luchtjes, deodorant en aftershave. Doe op dat vlak iets verkeerd en je kunt het wel schudden.

Nadelen: De nadruk ligt op uiterlijk en kleding, dus mensen met een grote sociale aantrekkelijkheid scoren het best, hoewel het donker een behulpzame factor kan zijn als je sociaal minder aantrekkelijk bent. Zeer weinig potentieel voor karakterontwikkeling, en de conversatie zal dan ook beperkt blijven tot: 'Wil je iets drinken?' 'Ja graag, een Bacardi Breezer.'

Lichaamstaalpotentieel: Veel potentieel om je kansen te verbeteren. Aangezien de communicatie beperkt blijft tot een soort mime, kun je leren met je bewegingen te scoren, hoewel het visuele aspect beperkt is.

De andere uitdaging voor een café- of clubbezoeker is dansen. Staat er dansen op het menu, dan wordt het hele concept van 'je zo gedragen dat je opvalt' meer een soort groepsgebeuren. Vrouwen zullen de dansvloer vaak benutten om daar hun lichaamsbewegingen, lichaamsvorm en gevoel voor timing en ritme te laten zien. Mannen hebben de neiging eerst toe te kijken voordat ze mee gaan doen. Oké, het is een cliché dat mannen zich al dansend tussen alle handtassen door moeten zien te wurmen, maar het gebeurt in minder hippe gelegenheden nog vaak genoeg, dat kun je van me aannemen. Er wordt tegenwoordig gedanst met open gebaren, er wordt vanuit een gebogen houding met het achterwerk geschud, of de armen worden in de lucht gestrekt. Aan geen van deze stijlen doe je als man makkelijk mee, dus het doel ervan is voornamelijk aantrekkelijk over te komen.

Terwijl je grootouders over de dansvloer zwierden, waren ze minder bezig met elkaar hun achterwerk te laten zien en meer met de foxtrot. Dat soort dansen deed je met z'n tweeën in plaats van alleen. Om een man aan te trekken hoefden vrouwen er alleen maar mooi bij te zitten of te staan. Als het dansen begon, ging de hofmakerij van start. Dat hele stijldansgedoe zag er dan misschien wel suffig uit, maar het effect was wel dat lichamen tegen elkaar werden gedrukt in een gechoreografeerde beweging.

Doorgewinterde clubgangers doen niet aan dansen met de bedoeling seksueel te prikkelen, maar maaien met hun armen, pogoën en maken energieke bokkensprongen. Die stijlen mogen er dan niet-sensueel uitzien, maar ze komen wel veelvuldig voor op plaatsen waar veel mensen zijn. Het gezwaai en gespring wordt dan een manier om onder moeilijke omstandigheden de aandacht te trekken. Hoe energieker zo iemand danst, hoe hoger de status of het zelfvertrouwen van de danser wordt aangeslagen. Drugs spelen daarbij ook een rol. Degene met de minste remmingen kan eruitzien als degene die de meeste drugs heeft gebruikt, en kan daarom beoordeeld worden als degene met het meeste lef, de wildste of zelfs de meest onbereikbare.

Je vermogen om op dergelijke plaatsen aantrekkelijk over te komen, hangt dus af van je stijl van bewegen en ook van je uiterlijk. Maar scoor je op beide punten laag, dan hoef je nog niet alle moed te verliezen. Ik heb al gezegd dat we de neiging hebben om mensen aan te trekken die qua uiterlijk op één lijn met ons zitten. En clubs en cafés zitten echt niet altijd vol met alleen maar mooie mensen die dansen als John Travolta. Voor ieder lelijk eendje met twee linkervoeten kan er een passende partner zijn die toekijkt en contact wil maken.

2 Etentjes

Voordelen: Hopelijk flatterend kaarslicht, maar reken daar niet op. Bij de meeste etentjes heb je minstens een uur of drie om je charmes tentoon te spreiden.

Nadelen: Je eindigt misschien in de keuken, onder een tl-balk, aan de afwas.

Veel gastvrouwen en -heren willen altijd dolgraag 'een even aantal gasten' aan tafel. Dat betekent dat er maar twee mensen single zijn, terwijl de rest uit de door Bridget Jones zo verfoeide koppels bestaat. Die houden je de hele avond met argusogen in de gaten om te zien of jij de andere single een lift naar huis aanbiedt of niet. De druk om je beste beentje voor te zetten terwijl anderen toekijken kan ertoe leiden dat jijzelf volkomen wordt genegeerd.

Lichaamstaalpotentieel: Je krijgt een heleboel mogelijkheden aangereikt om je kansen op succes te vergroten, tenzij ze de kandelaar tussen jullie in zetten. Het grootste probleem is dat je goed zult merken dat je door goedbedoelende vrienden bekeken wordt, plus dat ze je verbale aansporingen kunnen geven, zoals: 'Vertel Fred eens over die keer dat je opgesloten kwam te zitten in het trappenhuis...'

Wees beleefd en charmant, en maak gebruik van luisterende lichaamstaal. Ga niet breed zitten uitmeten hoe geweldig je bent en houd je gebaren subtiel. Overweeg je medeslachtoffer een briefje toe te stoppen met een tekst als: 'Ik zou je op een ander moment graag eens spreken. Zullen we doen of dit ons koud laat om hen om een dwaalspoor te brengen en morgen samen gaan lunchen?'

3   Feestjes

Voordelen: De druk is hier minder dan in een club of café, omdat er onschuldige gelegenheden genoeg zullen zijn om een praatje aan te knopen. Op feestjes worden veel praatjes gemaakt, en je kunt makkelijk toegang krijgen tot iemand die je wel ziet zitten zonder dat het er meteen als een versierpoging uitziet. Op die manier heb je minstens één goed, lang gesprek waarin je indruk kunt maken. Vragen of je een drankje voor iemand kunt halen klinkt niet als een poging om diegene het bed in te krijgen, omdat jij die drank niet hoeft te betalen. Of je zoekt een aanleiding om na het feest contact met de persoon in kwestie op te nemen, zoals wanneer jullie allebei lid zijn van een kattenfokkersclub of elkaar een boek willen lenen.

Feestjes voor jongeren kunnen nogal lawaaiig zijn, maar feestjes voor ouderen bieden meestal meer gelegenheid voor gesprekken.

Lichaamstaalpotentieel: Lichaamstaaltechnieken zullen je effectiviteit verdrievoudigen. Maak gebruik van alle vaardigheden uit de volgende hoofdstukken om indruk te maken.

4 De supermarkt

Voordelen: Een van de populairste plekken om contact te leggen. 'Vriendelijke' sfeer, hoewel enigszins steriel. Je krijgt de kans om iemand eerst te beoordelen aan de hand van zijn/haar boodschappen. Casual.

Nadelen: Muzak is niet de meest romantische muziek. De verlichting is niet erg flatterend. Om echt boodschappen te doen – kattenvoer, antiroosshampoo en Tampax – moet je misschien naar een ander adres.

Lichaamstaalpotentieel: Er goed uitzien terwijl je achter een boodschappenkarretje loopt vergt de nodige oefening.

Maak gebruik van het 'loopje waarvan iedereen in katzwijm valt' (zie verderop) en probeer er eerder opgewekt en innemend uit te zien dan gestresst. Maak gebruik van de eerder beschreven technieken om de plooien uit je gezicht te strijken. Stel je voor dat je in een reclame voor een supermarkt speelt, in plaats van dat je echt in een supermarkt bent. Als je kinderen meeneemt, zorg er dan voor dat die er superschattig uitzien en weinig onderhoud vergen. Train ze erin om lief rond te dribbelen met hun duim in hun mond, of zorg dat ze zich zonder te krijsen blijmoedig laten rondrijden in een karretje. Nukken en grillen zijn geen goed verkoopargument. Snoeperige hoofddeksels die onder de juiste hoek schuin staan wel. Als je je peuter erin kunt trainen om zijn of haar knuffel precies voor de voeten van de gewenste partner in spe te laten vallen op een moment dat jij zogenaamd even niet kijkt, is dat natuurlijk nog beter!

5 De werkplek

Voordelen: De werkplek is momenteel waarschijnlijk de populairste plek om iemand op te pikken. We maken lange dagen en de werkplek is prima geschikt om er mensen te ontmoeten (zie het hoofdstuk over romantiek op het werk).

Je kunt een potentiële partner eerst een poosje uitproberen en hem of haar in een heleboel verschillende situaties meemaken.

Ook kun je je eigen potentieel vergroten. Wanneer je langdurig met collega's samenwerkt, geeft dat je de kans te opereren vanuit een bredere basis. Werkplekromances staan erom bekend dat daarbij vierkante pennen in ronde gaten worden geduwd. Obstakels in de zin van leeftijd en lichamelijke aantrekkelijkheid hebben de neiging dankzij tijd en nabijheid vanzelf op te lossen.

Nadelen: Je kunt je carrière in gevaar brengen als de verhouding misloopt. De stress op het werk kan sterk toenemen wanneer de relatie steeds verhitter wordt of afkoelt.

Lichaamstaalpotentieel: Gigantisch. Je hebt ruim de tijd om iemand aan te trekken en te verleiden. Als je werk maakt van je signalen, heb je een veel grotere kans van slagen.

6 Speeddaten

Voordelen: Je ontmoet in korte tijd een heleboel potentiele partners. Meestal is de tijd beperkt tot zo'n tien minuten per persoon. Moderne bureaus beweren dat ze je per avond met wel veertig mensen in contact kunnen brengen. Na een gesprekje van maar vier minuten noteer je op een kaartje of je die persoon nog wel eens zou willen ontmoeten. Wil de ander dat ook, dan worden jullie in de gelegenheid gesteld contact met elkaar op te nemen. Het is een heel zakelijke transactie. Er wordt geen tijd verspild aan mensen die niet geschikt zijn. Door de snelheid en het aantal gesprekjes dat je voert kan dit een leuk gebeuren zijn. De druk om in zo'n korte tijdsspanne te proberen indruk op iemand te maken, kan worden verlicht doordat dat proces almaar doorgaat.

Nadelen: Wat kun je na tien minuten over iemand zeggen?

Volgens de bureaus en deelnemers best veel. De mensen die hiervoor geld neertellen vinden dat ze weinig tijd nodig hebben om te bepalen of ze zich al dan niet tot iemand aangetrokken voelen. Waarom zou je je tijd verdoen met uitgebreide etentjes en kennismakingsgesprekken als al snel blijkt dat je overduidelijk niets gemeen hebt? En wat moet je met de raadgeving nooit op de eerste indruk af te gaan als zoveel cliënten van relatiebureaus of mensen die een blind date hebben al meteen terugdeinzen als ze hun eventueel toekomstige partner onder de stationsklok zien staan?

Feit is dat veel cliënten van speeddatebureaus jong zijn en er goed uitzien. Als ze dat zijn, zijn ze wellicht alleen op zoek naar een bepaald *type* partner, bijvoorbeeld een blondine of brunette, iemand die in de buurt woont, iemand die van scubaduiken houdt enzovoort.

Je krijgt geen gelegenheid je verborgen sterke punten te laten zien; alles draait om eerste indrukken. Sommige mensen zijn slecht bestand tegen de hoeveelheid afwijzingen die ze kunnen krijgen.

Lichaamstaalpotentieel: Aangezien het hierbij alleen om eerste indrukken gaat, krijg je ruimschoots gelegenheid om je lichaamstaal te tonen. Doe je voordeel met de tips in dit boek over hoe je kunt vermijden dat al die oude kwetsuren van je gezichtsuitdrukking en je houding zijn af te lezen. Maak gebruik van open gebaren en oefen je in vriendelijk, zelfverzekerd glimlachen tot je gezicht er pijn van doet. Breng die glimlach alleen in praktijk wanneer het er in de spiegel een beetje uitziet. Neem geen assertieve, zakelijke houding aan, want dan worden het net een soort sollicitatiegesprekken. De truc is dat je je gesprekspartner zo snel mogelijk moet zien te 'raken'; met andere woorden: je moet contact tot stand zien te brengen.

Kijk naar de lichaamstaal van de ander en naar diens houding, en kom meteen ter zake door die enigszins te spiegelen. Creëer empathie door je voor te stellen hoe de ander zich voelt en door daar een opmerking over te maken. Wees meteen grappig, let wel geestig, niet komisch. Zorg voor congruentie door erop te letten dat je woorden, je stemmodulatie en gebaren allemaal hetzelfde uitdrukken.

7 Opleiding of studie

Voordelen: Ook hier krijg je een langdurige kans om op je gemak je potentiële partner van alle kanten te bekijken. Bovendien heb je op deze locatie veelal keus te over.

Nadelen: Erg openbaar, vaak met de dreiging van druk van leeftijdgenoten. Moeilijk om iets met iemand te beginnen tot wie je je echt aangetrokken voelt als die persoon de eigenschappen van 'sociale aantrekkelijkheid' ontbeert. Makkelijker om met iemand te daten die door je hele groep wordt goedgekeurd.

Lichaamstaalpotentieel: Zelfvertrouwen kan in deze leeftijdsgroep op het vlak van aantrekkelijkheid de doorslag geven. 'Wie niet waagt, die niet wint' is een belangrijke mantra. Het komt erop aan lichaamstaal te gebruiken die zelfvertrouwen uitstraalt. Zorg voor een fiere tred en houd je charisma voor ogen. Stel je voortdurend voor dat je langer bent dan de leden van je groep. Zorg voor een ontspannen gezichtsuitdrukking. Stel je voor dat je een supermodel bent. Hoe zou je dan lopen, gebaren en eruitzien? Laat dit rollenspel niet verslappen.

Het is van het grootste belang je verre te houden van alle signalen waaruit kan blijken dat bepaalde delen van je lichaam je niet aanstaan. Bedek jezelf dus niet door je armen te vouwen en praat niet met de hand voor je mond. Straal trots uit op alles wat je bent. Leer schokkerige gebaren en luidruchtig gedrag af. Gedraag je cool en zelfverzekerd, ook al ben je dat niet. Zelfrespect werkt aanstekelijk. Als je uitstraalt dat je tevreden bent over jezelf en hoe je eruitziet, geef je ook andere mensen toestemming jou en je uiterlijk te waarderen.

8   Singleclubs

Voordelen: Je kunt er leuke dingen met mensen doen, en makkelijk dates vinden.

Nadelen: Tricky transacties. Je hebt je hierbij aangesloten omdat je geen partner hebt en openstaat voor aanbiedingen, dus het kan lastig worden om onwelkome aanbiedingen af te wijzen.

Als je er alleen naartoe gaat, valt het misschien niet mee om daar de eerste keer de moed voor op te brengen, maar alleen gaan is wel de beste manier als je een partner zoekt. Ben je echter eenmaal ter plaatse, dan valt het in de regel best mee. Het is net een soort rokersruimte: er hangt meteen een kameraadschappelijke sfeer omdat jullie allemaal alleen zijn (hoewel er geruchten gaan dat niet iedereen even eerlijk is over zijn of haar burgerlijke staat).

Lichaamstaalpotentieel: Enorm. Doordat er volop gelegenheid is om een praatje te maken en uitgebreid kennis te maken met elkaar, duurt de interactie langer. Je krijgt een heleboel tijd om je lichaamstaalvaardigheden zodanig op te poetsen dat je je kansen kunt vergroten. Alle tips over flirten en sekscodes zijn hier van toepassing.

9   Sportschool

Voordelen: Ga je naar de sportschool om af te vallen of om je uitgezakte spieren weer in model te krijgen, dan kan de gedachte dat je tegelijkertijd moet proberen aantrekkelijk te zijn je ontmoedigen. Misschien helpt het om als je naar een sportschool gaat om je lichaam weer op peil te brengen, er eentje uit te kiezen die alleen voor vrouwen of alleen voor mannen is. Ga pas naar een gemengd fitnesscentrum als je weer beter in je vel zit of wanneer je aardig wat afgeslankt bent.

Anderzijds, als je iemand ziet zweten en kreunen met een paar halters, krijg je waarschijnlijk wel een aardig idee van hoe diens gezicht en lichaam eruitzien wanneer hij of zij een orgasme beleeft.

Ben je best tevreden met hoe je eruitziet als je in je strakke pakje druipt van het zweet, dan is een sportschool de ideale plek om je zaak vooruit te helpen.

Het schijnt dat er bij het fitnessen aardig wat wordt afgekletst, dus daar kun je je voordeel mee doen.

Douches zijn favoriete trefpunten om mensen van hetzelfde geslacht tegen te komen.

Veel sportscholen beschikken tegenwoordig over een fancy bar of café waar je na het zweten informeel kunt relaxen.

Na het trainen gloeit je huid.

Nadelen: Lichaamsbeweging maakt niet van iedereen een soort Jane Fonda. Het is een operatie in de trant van *survival of the fittest.*

De verlichting kan beroerd zijn.

In sommige échte sportscholen kan het minder fris en weinig sexy ruiken.

Het kan duur zijn.

Lichaamstaalpotentieel: Moeilijk (en mogelijk gevaarlijk) om tijdens oefeningen aan verbetering van je lichaamstaal te werken, hoewel het relaxgedeelte dé plek is voor wat lichaamstaalgeflirt.

10 Bruiloften en begrafenissen

Voordelen: Oké, ik weet ook wel dat je bruiloften en begrafenissen niet in je eentje op touw kunt zetten, maar ze bieden je wel een goede gelegenheid om je mooi aan te kleden en jezelf in een unieke setting te presenteren. Veel van de andere gasten kunnen als potentiële partner onmiddellijk weggestreept worden, vanwege hetzij hun leeftijd of omdat het familieleden zijn. De meeste van dit soort evenementen duren een paar uur, zodat je de kans hebt om contact met elkaar te maken, al was het alleen maar om te voorkomen dat jullie je allebei vervelen. Zowel bruiloften als begrafenissen herinneren ons aan onze sterfelijkheid, wat seksueel gezien een voordeel is. Bovendien bieden ze je allebei de mogelijkheid om verschillende rollen te spelen, van vriend(in) tot zorgend familielid of opvoeder (door te spelen met een klein kind uit de familie dat toevallig bij de hand is).

Nadelen: Op een begrafenis kan een versierpoging algauw smakeloos lijken, zeker als je je richt op de alleen achtergebleven partner. Vermijd bovendien op bruiloften de dansvloer als je een paar borrels op hebt.

Lichaamstaalpotentieel: Zowel begrafenissen als bruiloften bieden veel gelegenheid om een gesprekje te beginnen, want je potentiële publiek kan in de regel de eerste paar uur niet weg, zodat je alle tijd hebt om het delete-syndroom te overwinnen. Je krijgt ook ruim de gelegenheid verschillende rollen te spelen, zoals 'zorgend', 'ondersteunend', familielid', 'feestbeest' (niet voor begrafenissen) enzovoort.

Er zijn nog twee andere populaire manieren om mensen tegen te komen, die bovendien het voordeel hebben dat ze niet aan een locatie gebonden zijn.

De blind date
Voordelen: De date is misschien geregeld door iemand die je kent, dus logischerwijs zou dat moeten betekenen dat de ander wel enigszins bij je past. Echter...

Als jullie geen van tweeën meteen wegrennen zodra je elkaar ziet, is de kans groot dat je minimaal twee uur de tijd hebt om indruk op elkaar te maken en je geestigheid en charisma tentoon te spreiden.

Wanneer de date de vorm heeft van een dubbele date (dus met vier personen), kun je ook met andere mensen praten en je in contact met hen als persoonlijkheid profileren.

Nadelen: Dubbele dates zijn een geliefde constructie, waarbij dan één iemand van het andere paar graag Attila de Hun naar voren schuift voor een date als hij/zij een vierde man/vrouw tekortkomt.

Het feit dat dit een date is, zet je op een afschuwelijke manier onder druk.

Lichaamstaalpotentieel: Veel potentieel om jezelf aantrekkelijker te maken als match en om jezelf te laten zien aan het andere slachtoffer, mocht je daarop uit zijn. Maak gebruik van flirt- en luistertechnieken, hoewel je het best subtiel kunt beginnen, totdat de alcohol de remmingen van je potentiële partner opheft.

Zorg dat je altijd één drankje achterloopt. Als je boven je theewater raakt, begrijp je mensen algauw verkeerd, en de ander kan vinden dat je te ver gaat. Gedraag je je mallotig, verontschuldig je dan en zeg dat dat was omdat je zenuwachtig en verlegen was. Meestal werkt dat.

Internetdaten

Lijkt in wezen veel op de traditionele blind date, al is er vooraf nog zoveel gezegd. Het feit dat je eerst via de computer contact hebt gehad, zegt helemaal niets over direct contact. Soulmates? Vergeet het maar. Lichamelijke aantrekkingskracht – of het gebrek daaraan – is nog steeds dé factor die de doorslag geeft. Internetdaten maakt dat bijzondere moment waarop jullie elkaar voor het eerst in levenden lijve ontmoeten nog afgrijselijker. Neem alles wat je over de ander te horen hebt gekregen met een korrel zout totdat je die persoon in het echt meemaakt.

Er zijn twee regels die je goed moet onthouden. Zorg ten eerste voor je eigen veiligheid door overdag af te spreken, op een openbare plek. Ten tweede: de foto die de ander heeft gemaild zal niet lijken. Als hij onscherp is, is dat met opzet gedaan en als hij wel scherp is, kun je ervan uitgaan dat het een portret is van iemand anders. Probeer zelf zoveel mogelijk wél op je foto te lijken. Anders is jullie eerste gedachte als jullie elkaar treffen alleen maar: 'Leugenaar!'

7   Flirten doe je zo

Het is tijd om aan de slag te gaan. Je hebt je zelfvertrouwen nu zover opgekrikt dat je bijna uit je voegen barst; je hebt je gebogen over manieren om een eerste contact te leggen, en je hebt de locatie gekozen die aansluit bij je persoonlijke sterke punten. Nu wordt het tijd om verder te gaan met de volgende stap.

De beslissing waar je nu voor staat, is of je alleen op jacht gaat naar een partner of in gezelschap van vrienden of vriendinnen. Historisch gesproken is de groepsgewijze benadering een meer natuurlijke manier van jagen, zeker wanneer je jong bent. Ouderen zoeken echter vaker vanuit een eenlingpositie contact.

Jagen in een groep

Het hofmakerijritueel voor jonge mensen bestaat al sinds mensenheugenis. Het is daarbij traditie dat jonge mannen en jonge vrouwen te werk gaan in afzonderlijke groepen. Vaak zullen ze elkaar van een afstandje, maar wel binnen gehoorsafstand, in de gaten houden. De eerste paar avances zijn anoniem en brutaal – denk aan gefluit, gejoel en andere signalen. Deze tekens kunnen door beide seksen worden gegeven, hoewel ze meestal van de mannen afkomstig zijn. De vrouwen kijken vervolgens alsof ze in verlegenheid zijn gebracht of zich ergeren. Deze rituelen kunnen een hele tijd doorgaan. De grote uitdaging bestaat eruit dat één iemand uit de groep losbreekt en zich bij de andere groep voegt. Wanneer dat gebeurt, riskeert die persoon de vernedering van een afwijzing ten overstaan van de eigen groep, wat de reden is waarom er voorafgaand aan deze grote stap een ritueel van lichaamstaalsignalen aan het adres van potentiële partners plaatsvindt.

Het grootste deel van de uitwisseling zal hebben plaatsgevonden door middel van oogcontact. De formule is ruwweg als volgt:

1   De aandacht trekken

Vooral jongeren doen uitermate hun best om op te vallen. Hard lachen en het haar achteroverwerpen zijn bij de vrouwen populaire methodes. In sommige gevallen tonen ze zelfs hun achterwerk. Mannen kunnen proberen aandacht te krijgen door te roepen, te stoeien of dingen te doen waarin een element van gevaar zit.

2   Oogcontact krijgen

De fase waarin oogcontact wordt gelegd is belangrijk. De blikken kruisen elkaar ongeveer een seconde lang, wat zo'n halve seconde langer is dan bij een niet-seksuele blik. De een kijkt dan quasi-verlegen weg. Daarna kijkt hij of zij nog een keer en als het goed is kijkt de ander nog steeds. Dergelijk geflirt kan als beide partijen geduld hebben een hele avond duren. Zo niet, dan zal een van de twee – meestal de vrouw – licht glimlachen, wat voor de man het sein is dat hij naar haar toe kan komen en een praatje kan aanknopen.

3   Kennismaking

Een van de groepsleden loopt naar de ander toe en het stel raakt in gesprek. In deze fase zullen er diverse fatsoenerende of zelfverzorgende gebaren worden gemaakt, zoals het haar aanraken, en zullen er ook vrij dramatische tekenen van goedkeuring worden gegeven, zoals naar het gezicht kijken en overdreven hard lachen. Sommige vrouwen kruipen in de traditionele rol van de verlegene en onverschillige: ze blozen en kijken weg terwijl de man aan het woord is. Kijk maar eens naar historische drama's en ga na wat voor soort gegiechel, gegrijnslach, gebloos, lachen-met-kuiltjes-in-de-wang en handengewapper voor het gezicht eraan te pas kwamen om in meer onschuldige tijden de zaken vooruit te stuwen. Ook al denk je misschien dat er op dit vlak veel is veranderd, vaak blijkt dat toch niet zo te zijn. De meeste vrouwen denken graag dat ze over het stadium van kijken en giechelen heen zijn, maar dat zijn ze niet. Zet vrouwen op het pad van een superaantrekkelijke man, en de meesten vallen terug in het soort lichaamstaalgedrag dat een zuidelijke schone uit de tijd van Scarlett O'Hara niet zou misstaan.

Bij vrouwen die zowel geëxalteerd als mooi zijn, is vergelijk-baar gedrag geconstateerd. Naomi Campbell gedraagt zich in interviews vaak als een verlegen, flirterig jong meisje; ze trekt haar kin naar haar borst en tuurt vanonder haar pony naar de interviewer, terwijl ze giechelt en haar hand zogenaamd geschrokken voor haar mond slaat als er iets schokkends wordt gezegd. Cher volgt tijdens interviews dezelfde tactiek, en Brit-ney Spears heeft de zedige blik van grote-ogen-en-dan-wegkij-ken tot het uiterste geperfectioneerd.

4 Verslag uitbrengen

In deze fase maakt de persoon in kwestie nog steeds deel uit van de groep seksegenoten en hij/zij zal na het praatje dat hij met iemand uit de andere groep heeft gemaakt, verslag komen uitbrengen. Is dat praatje succesvol verlopen, dan kunnen er een paar wellustige suggesties volgen; zo niet, dan kunnen de herstelwerkzaamheden bestaan uit beschuldigende bewerin-gen over de precieze aard van de seksuele voorkeuren van het meisje of de jongen die de ander heeft afgewezen.

5 Afscheid van de groep

Op een gegeven moment kan de relatie emotioneel worden.

Wanneer dat gebeurt, zal er niet langer verslag worden uitgebracht aan de groep. De jongen of het meisje scheidt zich tijdelijk of permanent van de groep af.

Bendevorming

In het moderne leven heeft het nog steeds zonder meer voordelen om op deze manier met een groep op jacht te gaan. Mannen moeten laten zien dat ze ten eerste safe zijn, in plaats van eenzelvige zonderlingen, en dat ze ten tweede sociabel zijn en in staat zijn om prettige vriendschappen te onderhouden. Vrouwen nemen als ze in hun eentje te werk gaan een ander risico: het risico dat ze overkomen als een dame van lichte zeden. Clubs en cafés zijn daarom geen goede plaatsen voor 'alleen jagen'. Supermarkten, de werkplek en sportscholen zijn dat echter wel.

Vind je het prettiger om er niet alleen op uit te gaan, kies dan zorgvuldig het aantal vrienden of vriendinnen. Als je één vriendin bij je hebt, betekent dat dat je haar misschien niet alleen wilt laten terwijl jij een man aan de haak slaat, hoewel je weer in het voordeel bent als jullie een *stel* mannen tegenkomen. Twee vriendinnen meenemen is beter. Het is alleen raadzaam je te laten vergezellen door een homoseksuele vriend wanneer die er niet uitziet als jouw heteropartner, en zelfs dan is het niet de ideale manier om zelf succes te hebben, tenzij je een heteroman tegenkomt die een avondje op stap is met zíjn homoseksuele vriend. Homovrienden zijn meestal alleen aan te raden voor vrouwen die ofwel al een partner hebben, ofwel niet op een partner uit zijn, ofwel veilig uit willen gaan.

Maak je deel uit van een groep mannen of vrouwen, zorg dan dat die groep niet onbenaderbaar overkomt. Te veel gelach en druktemakerij kunnen impliceren dat jullie kwaad zullen worden of sarcastisch zullen gaan doen als er iemand anders zich bij jullie wil voegen.

Heb je eenmaal besloten met een groep op jacht te gaan, dan bestaat de volgende fase eruit dat je allereerst je methodes om seksuele belangstelling te wekken perfectioneert, en vervolgens methodes bedenkt om je potentiële partner los te weken van zijn of haar sociale groep.

De aangehouden blik wordt je eerstaangewezen instrument in vrijwel elke situatie waarin sprake is van een eerste contact. Hieruit blijkt een belangstelling die verdergaat dan een eerste positieve inschatting, en in sommige gevallen kan er zelfs sprake zijn van liefde op het eerste gezicht. Met deze blik leg je het contact dat noodzakelijk is voor alle volgende stadia.

Wanneer je kunt verwachten dat je deze persoon nog een keer onder vergelijkbare omstandigheden zult tegenkomen, bijvoorbeeld als je je hebt aangesloten bij een activiteitenclub of elkaar hebt ontmoet binnen een groep hechtere vrienden, kan het nodig zijn om de aangehouden blik iets te matigen, want die is dan minder gepast. In zekere zin is het een afstandssignaal, dat je afzondert van de vrienden of vriendinnen met wie je bent gekomen. Is de ontmoeting gearrangeerd, zoals bij etentjes waarbij er anders een man of vrouw te kort zou zijn, dan kan het raadzaam zijn oogsignalen helemaal achterwege te laten tot veel later op de avond. Het ritueel is immers moeilijk uitvoerbaar wanneer je weet dat de mensen om je heen met argusogen zitten te kijken hoe jij op de ander reageert. De aangehouden blik is voorts niet gepast bij een blind date, of bij een ontmoeting die door een relatiebureau is geregeld. Het is een signaal van goedkeuring. Wanneer je weet dat je hoe dan ook tijd met deze persoon zult gaan doorbrengen, of je hem/haar nou ziet zitten of niet, kan dit signaal vaak beter worden uitgesteld.

Wanneer de relatie al tot stand is gekomen, zoals in een werksituatie, waarbij je weet dat je de ander dagelijks zult zien, komt het scenario van een eerste blik zelden voor, behalve natuurlijk op televisie of in films. Op het werk kan het riskant zijn om te laten blijken dat je onmiddellijk diep onder de indruk bent van iemand. De relatie dient allereerst professioneel te zijn. Iets anders komt je misschien helemaal niet uit, of je voelt er weinig voor bestempeld te worden als de grote flirt van het kantoor.

Dus reserveer het 'contactsignaal' voor momenten waarop je zeker weet dat het gepast is.

Flirten op afstand

Hebben jullie blikken elkaar in een vol vertrek eenmaal gekruist, dan zullen veel van de allereerste signalen van seksuele aantrekkingskracht, zoals een versnelde hartslag en verwijde pupillen, voor je potentiële partner onzichtbaar zijn. Dat betekent dat jullie allebei over dienen te gaan op meer openlijk seksueel getint gedrag om ervoor te zorgen dat die boodschap duidelijk overkomt. Evenwicht is bij eerstelijnsflirten van groot belang. Ga je te ver, dan kun je de ander van je af stoten omdat het er te dik bovenop ligt. Vergeet niet dat je met de signalen die je nu gaat uitzenden alleen maar de belangstelling gaande wilt houden die al is gewekt door die eerste blik. Hoewel het ritueel van de aantrekkingssignalen die tussen jullie over en weer gaan op dit punt belangrijk is, heeft de natuur ervoor gezorgd dat zulke signalen tegelijkertijd ontzettend subtiel kunnen zijn. Als het lijkt of de ander ze negeert, hoef je verder geen moeite meer te doen, omdat de kans groot is dat hij of zij jou niet ziet zitten.

Tips voor vrouwen

Vrouwen flirten vaker op afstand dan heteromannen, die er meer moeite mee hebben. Mijn ervaring is echter dat homoseksuele mannen er ontzettend goed in zijn (kijk maar eens goed en ween.)

Voor een vrouw is het een *actieve* vaardigheid, geen passieve. De meeste vrouwen doen het zonder erover na te denken. Alle vrouwen in een groep weten meteen wanneer een van hen een aantrekkelijk iemand in het oog heeft gekregen, omdat het gedrag van die vrouw verandert. Het is het moment waarop ze niet langer actief deel uitmaakt van de groep maar signalen uitzendt naar iemand die zich buiten de groep bevindt.

Van oudsher zijn vrouwen er tijdens deze prille fases van de hofmakerij aan gewend bekeken te worden in plaats van zelf te kijken. Daardoor zijn ze ook meer gewend aan deze lange-afstandsmethode. Op een goede dag, wanneer een vrouw de wind mee heeft, kan ze lopen, praten en voorkomen dat ze struikelt terwijl ze gelijktijdig wordt aangegaapt en beoordeeld door een man. Vrouwen vinden het misschien niet altijd leuk, maar het is een vaardigheid die ze onder de knie moeten krijgen.

Vrouwen beschikken daarom over verschillende poseerrituelen. Sommige zijn goed, andere zijn ontzettend fout.

Goede poseerrituelen

- Op de juiste wijze glimlachen (lippen uit elkaar, mond niet te ver open, ook glimlachen met de ogen).
- Lachen (niet te hard, nooit iemand anders of jezelf bekloppen of aanstoten, en de lach moet oprecht klinken en er ook zo uitzien).
- Een verandering van houding. De Miss World-pose is een klassieker die nooit nalaat indruk te maken. Buig je rechterknie naar binnen richting de linkerknie en steek je rechtervoet naar opzij uit. Laat je bekken naar rechts zakken en breng het aan de linkerkant naar voren en naar omhoog. Houd je drankje met beide handen ongeveer op taillehoogte vast. (Bij een minder meisjesachtige pose verdeel je je

lichaamsgewicht gelijkelijk over beide voeten, waarbij je je voeten op schouderbreedte uit elkaar zet; met je ene hand houd je je glas op taillehoogte vast en met de andere raak je licht je kin of mond aan, zonder die te bedekken want dat is een barrièregebaar.) De Miss World-pose doet misschien weeïg aan, maar scoort toch nog altijd goed. Je benen lijken er slanker en langer door, je heupen lijken kleiner en wellustiger. Mochten feministen vinden dat deze pose niet door de beugel kan, dan dient te worden opgemerkt dat dit nog niets voorstelt in vergelijking met wat zich in de maatschappij en politiek allemaal aan vrouwonvriendelijks afspeelt, dus je hoeft je nergens door te laten weerhouden.

- Luisteren. Zorg dat je oogcontact houdt met degene naar wie je luistert en doe het voorkomen alsof je oprecht geïnteresseerd bent in wat die persoon te vertellen heeft. De man die je gadeslaat zal bewondering hebben voor je vermogen om je te concentreren zonder je te laten afleiden. Mannen mogen dat bij vrouwen graag zien.

- Seksuele aanrakingen. Subtiliteit is hier een sleutelwoord, maar je kunt je in deze fase best een of meer terloopse seksuele aanrakingen permitteren. Je hebt de keus uit haar, hals, mond of wijnglas. Als je je haar aanraakt, dient dat een bescheiden, strelend gebaar te zijn. Bij het halsgebaar hef je je kin iets op en ontbloot je je hals. Het mondgebaar moet bestaan uit een subtiel likken met de tongpunt langs de lippen, of uit een bescheiden aanraking met het topje van je wijsvinger. Wat betreft het wijnglas: je kunt met je vingertop over de steel strelen, of die licht over de rand laten gaan. Doe dat niet meer dan één keer. En maak niet al deze gebaren tegelijk in een poging om indruk te maken, want dan lijk je net een eenvrouwspornofilm.

- Een vitale uitstraling. Zorg dat je energiek overkomt. Stel je voor dat je zojuist met glanzende ogen een sportschool uitkomt en helemaal opgeladen bent. Loop rond in plaats van als aan de grond genageld te blijven staan. Energie zendt positieve signalen door een vertrek. Een statische houding komt saai over.

Foute poseerrituelen

- Een verveelde of afgeleide blik. Misschien denk je wel dat je de man in kwestie daarmee van de andere kant van de kamer naar je toe kunt lokken om je te komen redden, maar je komt hierdoor alleen maar veroordelend en onbeleefd over.
- Tikken (met de voet, een hand, wat dan ook). Op die manier geef je blijk van nauwverhulde agressie.
- Zelftroostende gebaren, zoals met je haar friemelen, spelen met je sieraden, bijten op je nagels of lippen.
- Krabben, jeuken. Waar dan ook.
- Je ondergoed op z'n plaats sjorren.
- Met gespreide benen staan. Dat is een teken van agressieve superioriteit, niet van sex-appeal.
- Staan met je benen bij de enkel naar buiten gebogen. Is meisjesachtig en ziet er niet uit.
- Op een stukje fruit dat in je drankje zit zuigen of bijten. Dit kan er in een film erotiserend uitzien, maar in het echte leven lijk je alleen maar vraatzuchtig.
- Na het eten je vingers aflikken (om dezelfde reden).
- Je haar voor je gezicht trekken. Een verstopgebaar.
- Een papieren zakdoekje in je mouw of zak proppen nadat je je neus hebt gesnoten.
- Proberen over te komen alsof je je zelfverzekerd voelt en de touwtjes in handen hebt. (Normaal gesproken lijk je dan sterk op de Engelse prinses Anne.)
- Andere mensen betuttelen. Dat komt bevoogdend en niet liefdevol over.
- Met je vinger wijzen of schudden.
- Eruitzien alsof je je niet amuseert.

- Eruitzien alsof je de tijd van je leven hebt.
- Veelvuldig en snel met je ogen knipperen, of grillige, schokkerige gebaren maken. (Dan lijk je wel een neuroot.)
- Fronsen.
- Staren.
- Op een vermoeide, meewarige manier glimlachen.
- Je armen voor je borst over elkaar gevouwen houden.
- Staan met je handen op bekkenhoogte tot een *sling* gevouwen.
- Je schouders laten afhangen.
- Je schouders te hoog optrekken. (Dat ziet er gestresst uit.)
- Knorrende geluiden maken wanneer je lacht.
- Wild met je haar schudden. (Dan heb je veel weg van een opgejaagde pony.)
- Je neus aanraken. (Dan lijkt het of je liegt.)
- Een andere man 'verzorgen', dat wil zeggen pluisjes van zijn jasje plukken of roos van zijn schouders kloppen. (Dan kom je over als een pietlut of als iemand die graag een ander betuttelt.)
- In je handen klappen en in je handen wrijven (Dat heeft te veel weg van: 'Gezellig, we gaan samen iets leuks doen!')

Dansen

Eén vorm van vrouwelijk vertoon is de dans. Sommige vrouwen zijn zo verslaafd aan deze methode om hun lichaam te laten zien, dat ze als er maar een hoed op de grond valt meteen een paar passen uitvoeren, of er nu muziek opstaat of niet. Het idee is dat je wat rondhopst en daarbij je lichaamsritme en mogelijke seksuele choreografie laat zien. Bij de meeste dansstijlen maak je je lichaam op een gegeven moment lang, met je armen omhoog, zodat je navel en middenrif te zien zijn, en ook komt er een heleboel kontdraaierij aan te pas, waarbij het er vrij expliciet aan toe kan gaan. Op de meeste van deze gebaren hoeven we echt geen freudiaanse analyse los te laten, hoewel je verderop in dit boek meer zult lezen over lichaamsdelen en hun betekenis en signalen.

Op deze plek wil ik alleen maar zeggen dat als je de dansvloer op gaat omdat je je lichaam aan de aanwezige mannen wilt laten zien, je eerst een paar dingen goed in je oren moet knopen. Neem in elk geval de moeite thuis voor de spiegel te oefenen en je dansstijl te verbeteren. Je hoeft echt geen professionele danseres te worden, maar een beetje gratie en souplesse in je bewegingen kunnen geen kwaad.

Alcohol *lijkt* dansbewegingen alleen maar makkelijker te maken. Wat alcohol in werkelijkheid doet, is echter remmingen zodanig uit de weg ruimen dat het je niet meer kan schelen hoe je overkomt. En dat is heel slecht nieuws wanneer je iemand aan de haak wilt slaan, tenzij het voorwerp van je verlangen zelf even wankel op zijn benen staat; dan heeft hij het misschien niet in de gaten.

Ben je helemaal voor vrije expressie, dan is dat prima, maar verwacht niet dat je wilde sprongen en armengemaai veel positiefs te melden hebben over je seksuele bekwaamheid in bed.

Tips voor mannen

Voor mannen zijn de mogelijkheden om effectief op afstand te flirten beperkt. Misschien heb je zelfs maar twee rolmodellen voor je lichaamstaal: de gelikte filmheld en de komische stoethaspel. Van ten minste één van hen heb je waarschijnlijk al wel eens een imitatie ten beste gegeven.

Flirten op afstand is voor mannen een vrij passieve vaardigheid, wat betekent dat minder meer is. De meeste vrouwen houden wel van mannen die een tikje onderkoeld doen. Maar let op dat je niet te gezapig of te zachtaardig overkomt. James Bond werkt alleen maar wanneer James Bond het doet. Zelfs Robbie Williams heeft er moeite mee. Waag je er dus niet aan.

Goede poseerrituelen

- Staan praten met de andere mannen, maar op een losse, niet al te betrokken manier, niet in een groep. Met toffe jongens onder elkaar is niets mis, maar niet als je daardoor anderen lijkt buiten te sluiten en bikkelhard overkomt.
- Subtiel om je heen kijken. Kijk je te veel rond, dan kan het lijken of je op zoek bent naar een prooi, wat doet vermoeden dat elke prooi zal voldoen.
- Je in een gesprek laten betrekken. Vrouwen houden van mannen die makkelijk praten.
- Belangstellend kijken naar degene naar wie je luistert. Werkelijke luistervaardigheid is ongeveer even zeldzaam als een schaap met vijf poten. Beoefen deze kunst met trots.
- Een gulle lach en glimlach. Kijk maar eens naar Tom Cruise, John Travolta en zelfs Jack Nicholson. Als die glimlachen, licht het hele witte doek op. Hun glimlach ziet er natuurlijk, maar elektriserend uit. Bijna alle mannelijke sterren van dit moment voor wie vrouwen warmlopen hebben één talent gemeen: hun glimlachjes zijn zo te gek dat ze bijna als wapen worden gebruikt. Oefen je glimlach voor de spiegel. Werk eraan tot hij echt magisch is. Dit is een van de waardevolste instrumenten in je gereedschapskist.
- Een frons. Nee, ik spreek mezelf niet tegen. Fronsen is heel effectief als je er af en toe een betoverende glimlach tussendoor gooit. Zorg voor een mooie frons en je ziet er aandachtig en serieus uit, alsof je de touwtjes in handen hebt. Let maar eens op David Beckham. Die mag dan sarongs, strings en diamanten dragen, zijn frons is sexy en mannelijk. Ook hier geldt: oefen alsjeblieft voor de spiegel voordat je fronst in het openbaar.
- Vermijd decorstukken. Leun nooit tegen iets aan, zoals een bar, want dan lijk je een futloos figuur. Ga rechtop staan en concentreer je op de borststreek. Een goed ontwikkelde borstkas is voor vrouwen erg aantrekkelijk, vooral als

je lichaam slank is. Als je je schouders naar achteren en omlaag trekt, hangen je handen op een natuurlijke manier af en voelt het minder ongemakkelijk. Verplaats je gewicht naar één heup voor een slanke, nonchalante look.

- Beweging. Als je te lang blijft stilstaan kom je harkerig over. Geef blijk van veel energie. Denk fit en actief. Vrouwen houden van sporters en atleten omdat we van hun lichaamstaal houden. Recht je rug en stel je voor dat je best drie uur in de sportschool zou kunnen trainen.

- De goede drinker. Geniet van je drankje, maar zwelg niet in drank. Houd je glas ter hoogte van de onderste helft van je romp. Ga niet de bodem ervan staan bestuderen, alsof je zoekt naar de zin des levens. Gebruik je drankje als een rekwisiet, niet als je enige aandachtspunt voor die avond.

- Maak jezelf lang. Hef je kin iets op wanneer je iemand ziet die je aantrekkelijk vindt. Laat hem dan langzaam weer zakken.

- Verzacht je blik een beetje.

- Steek een hand in je zak, maar alleen als je eerst met de juiste kledij aan hebt geoefend. De meeste mannen hebben uit andere boeken over lichaamstaal geleerd dat ze hun hand van hun broekriem moeten laten afhangen. De gedachte daarachter is dat de hand bij de vrouw aandacht voor de penis moet oproepen, zo van: 'Hé, kijk eens, ik heb een snikkel!' Doe dit subtiel of laat het helemaal achterwege. We weten heus wel wat je allemaal in huis hebt.

- Zorg voor wat beweging in je bekken. Een heel lichte voor- en achterwaartse beweging kan al de juiste signalen uitzenden, maar doe dit maar één keer, want bij herhalingen gaan vrouwen er als een haas vandoor omdat ze niet op een wellusteling zitten te wachten.

Foute poseerrituelen

- Krabben, jeuken, gepluk en andere negatieve zelfverzorgende gebaren.

- Van de ballen van je voeten op je tenen wippen.
- Kromgebogen over je glas heen gaan hangen.
- Je mond wijd opendoen voordat je je drankje doorslikt.
- Handelingen die je uit het verkeerde soort achterhaalde boeken over lichaamstaal hebt opgepikt, zoals je duimen achter de lussen van je broekriem haken, zodat je vingers naar je kruis wijzen enzovoort. Het spijt me, dit is echt allemaal te oubollig en te weinig subtiel; je kunt net zo goed je gulp openritsen en met je jongeheer rondzwaaien om de aandacht te trekken.
- Eén voet op de voetenstang van de bar zetten.
- Je benen te ver spreiden.
- Je kapsel fatsoeneren.
- Gebaren maken die eruitzien alsof je nog steeds met een vorm van lichaamstraining bezig bent, zoals je hoofd in je nek laten rollen of je kuiten oprekken.
- Grove signalen ten beste geven die duidelijk moeten maken dat je je oog op iemand hebt laten vallen en die persoon aantrekkelijk vindt, zoals je wenkbrauwen optrekken wanneer jouw blik die van de ander kruist. (Wil je het nog gekker maken, dan kun je ook de punten van je snor opdraaien.)
- Je gezicht op zo'n manier aanraken dat het lijkt of je even controleert of je je die ochtend wel geschoren hebt.
- Proberen je handen in de zakken van je spijkerbroek te steken.
- Staren.
- Op een wellustige manier grijnzen.
- Je vriend een por in zijn ribben geven om hem attent te maken op de vrouw die jij wel ziet zitten. En daarna allebei lachen.
- Dingen doen om aandacht te trekken, zoals pinda's in de lucht gooien en die dan opvangen in je mond.
- Over je bovenbenen wrijven.

Laat het verleden achter je

Een van de meest onaantrekkelijke gewaden waarin je gehuld kunt gaan wanneer je een nieuw iemand leert kennen is het verleden. Sleep je je oude bagage met je mee, dan verklein je daarmee je kansen op nieuwe succesvolle relaties.

Laat als je uitgaat het verleden thuis. Stel je voor dat elke dag een nieuwe dag is en dat je zonder hinderlijke ballast op reis bent. De enige ervaringen die je meeneemt op je reis zijn positieve ervaringen.

Wanneer je iemand leert kennen, maak je jezelf in zijn of haar ogen aantrekkelijker als je uitstraalt dat je op jezelf gesteld bent en dat je een positieve ervaring verwacht.

Stel jezelf de vraag: Wat voor fruit zou ik in de supermarkt kopen: het fruit dat er fris uitziet of de gekneusde vruchten die onder in de doos zijn blijven liggen?

Hoe laat je blijken dat je je verleden meezeult?

- Oogcontact maken gaat moeizaam en het is vluchtig. Dat geeft aan dat je een negatieve respons verwacht van de mensen die naar je kijken.
- Het oogcontact is te uitdagend. Dat geeft aan dat je conflicten verwacht.
- Je zet grote en verdrietige ogen op, waaruit duidelijk wordt dat je in het verleden veelvuldig bent gekwetst.
- Je kijkt zonder iets te zien. Op die manier kom je afstandelijk en gepreoccupeerd over.
- Je knippert snel met je ogen. Je komt nerveus of gestresst over.
- Je wenkbrauwen zijn gefronst.
- Je onderdrukt glimlachjes door je hand voor je mond te slaan, door je lippen op elkaar te persen, door ze naar binnen te trekken, door erop te bijten, of door zo te glimlachen dat het lijkt of je mondhoeken omhooggaan, terwijl je ze in

feite naar beneden trekt. Dat geeft aan dat je in je leven niet veel reden hebt gehad om te lachen.

- Je glimlacht met omlaag wijzende mondhoeken, wat aangeeft dat je dapper probeert je staande te houden.
- Je wrijft met een hand over je gezicht terwijl je praat, waardoor het lijkt of je ziek of moe bent, of pijn hebt.
- Je zucht wanneer je praat.
- Je beschermt je lichaam of je gezicht met je handen en gebruikt die als barrières. Daaruit blijkt ongemak, wat aangeeft dat je niet blij bent met hoe je eruitziet.
- Je bent voortdurend bezig je kapsel of kleding op orde te brengen. Een paar zelfverzorgende gebaren kunnen aangeven dat je je tot iemand aangetrokken voelt, maar maak je er te veel, dan laat je alleen maar zien dat je verschijning je geen zelfvertrouwen inboezemt, waaruit weer valt op te maken dat je er in het verleden kritiek op hebt gekregen.
- Je verplaatst je lichaamsgewicht naar je bekkengebied. Dat klinkt misschien sexy, maar het ziet eruit alsof je oefent met een verdwijntruc. Uit deze houding spreekt een laag energiepeil.
- Je maakt tijdens het praten drukke handgebaren, wat de indruk wekt dat je zelf denkt dat je onzin praat.
- Je lacht na elke zin die je hebt gezegd. Ook dit wekt de indruk dat je jezelf niet serieus neemt.
- Je glimlacht te veel, wat vaak vergezeld gaat van overmatig knikken. Je lijkt daardoor te meegaand, wat doet vermoeden dat je je als voetveeg zult laten gebruiken.
- Heen en weer wiegen, ofwel op je voeten, ofwel wanneer je zit. Een zelftroostend gebaar dat de indruk kan wekken dat je een groot trauma achter de rug hebt.
- Je klemt je glas dicht tegen je borst of wikkelt je lichaam als het ware om een tas of om je gevouwen armen heen. Met deze egeltjesreactie wil je jezelf maximaal beschermen. Je ziet eruit alsof je je omringd voelt door kritiek en negativiteit.

- Je draagt schreeuwerige kleuren of opzichtige kleding. Je krijgt hier misschien zelfvertrouwen en een positief gevoel door, maar het komt vaak over als afleidingsmanoeuvre, iets wat de aandacht moet afleiden van wie je werkelijk bent.
- Je maakt te veel gebaren waaruit blijkt dat je uit bent op goedkeuring of steun van anderen. (Dat slaat niet op het voorwerp van je verlangen, maar op andere mensen met wie je toevallig in gesprek bent als hij/zij je voor het eerst ziet.) Ga dus niet met grote ogen naar andermans gezicht kijken of snelle blikken werpen tijdens het praten. Ook 'overmatig spiegelen' – het excessief nabootsen van andermans uitdrukkingen en gebaren – kun je beter achterwege laten. Verder dien je mensen niet op de arm te tikken om hen te manen hun aandacht erbij te houden wanneer jij aan het woord bent; je naar mensen toe te buigen om hen in het gezicht te kijken, en is het niet nodig onmiddellijk stil te vallen wanneer iemand anders ook een opmerking maakt.

Wanneer je een of meer van deze gebaren maakt, wordt duidelijk dat je niet bijster op jezelf gesteld bent. En als jíj jezelf al niet ziet zitten, hoe kun je dan verwachten dat een ander dat wel doet?

Overmatig zelfvertrouwen

Een gekwetste blik kan in het aantrekkingsproces fataal zijn, maar dat geldt ook voor arrogantie. Net nu je denkt dat je wel veilig uit je schulp kunt kruipen en wilt gaan proberen wat meer zelfvertrouwen tentoon te spreiden, moet ik je waarschuwen voor overmatig zelfvertrouwen. Lijkt het of je veel zelfverzekerder bent dan degene op wie je een oogje hebt, dan kan hij of zij je intimiderend gaan vinden. Als je te veel gebaren maakt waaruit blijkt dat je wel erg blij met jezelf bent, kom je algauw

ijdel over. Probeer daarom de volgende gebaren zoveel mogelijk te vermijden.

- Veel zelfaanrakingen die ijdel overkomen, zoals telkens
over je haar strelen, je borst aanraken, je decolleté of schou-
der beroeren, langs je lippen likken, of je vingers in je mond
steken.
- Je hoofd te ver schuin houden. Wanneer je langs je neus
omlaag kijkt, lijk je arrogant.
- Zelfvoldaan glimlachen.
- Overdreven handgebaren maken.
- Voordat je iets gaat zeggen met open mond een grote hap
lucht nemen.
- Je sigaret tussen de trekken door ter hoogte van je gezicht
houden.
- Andere sprekers onderbreken.
- Keer op keer 'ik' zeggen.
- Met volle mond praten.
- Een vriend(in) voor schut zetten.
- Fluisteren.
- Staan met je handen in je zakken en je bekken naar voren
geduwd (alleen voor mannen).

Een unieke respons

Nu heb je je potentiële partner laten zien hoe je sociaal gezien
met andere mensen omgaat en zo heb je tevens laten blijken
hoe je hem of haar zult bejegenen. Op een goed moment wordt
het dan tijd om een facet van je persoonlijkheid *alleen aan
hem/haar* te tonen. Dit wordt het eerste stukje gedrag waaruit
zal blijken dat jouw aantrekkelijkheid iets speciaals is en dat je
die ander uitzondert van de rest van zijn/haar groep. Je hebt dit
middels je oogcontact al een beetje gedaan; nu is het ogenblik

daar om het verbaal of fysiek te gaan doen. In dit stadium zal het om weinig meer gaan dan een verlegen of nerveus glimlachje dat je voor de rest zelfverzekerde houding zal weerspreken. Hier ga je later aan werken, als de relatie eenmaal op gang is gekomen. Wanneer je begint een kant van jezelf te laten zien die je de rest van de sociale groep niet hebt laten zien, ontstaat er geleidelijk aan vertrouwen.

Deze wijziging van respons is heel belangrijk voor de eerste contacten die bij een relatie worden gelegd.

8   Houding en tred

Heb je eenmaal een of andere vorm van contact gelegd met de ander, dan moet je verder vrij snel te werk gaan. Maak volop gebruik van de magie zolang die nog aanwezig is. Makkelijk zat. Ben je op een feestje of in een café, draai je lichaam dan in zijn/haar richting. Ga nooit met je zijkant of je rug naar hem of haar toe staan; het eerste maakt verdere blikken moeilijk te choreograferen en het tweede ziet eruit als een weigering. Neem een zodanige houding aan dat er 'lichamelijke empathie' met de ander kan ontstaan. (Afstand maakt hierbij niet uit.) Spiegel de pose van de ander enigszins; gelijke lichamen, gelijke geesten. Denk eraan: we voelen ons in de regel aangetrokken tot mensen die vergelijkbare lichaamstaalsignalen uitzenden als wijzelf. Door met je gezicht naar je doelwit toe te gaan staan en diens algehele stijl over te nemen, word je al een beetje een duo.

De benadering

Je wilt graag dat dit casual overkomt, zodat niemand zich opgelaten hoeft te voelen. Je losmaken van je groep en op iemand van een andere groep af gaan, is een grote stap. Dat is dan ook de reden waarom de fase van kijken en blikken wisselen een hele avond door kan gaan en soms toch op niets uitloopt, omdat een van de twee het niet aandurft.

Je voelt je misschien meer op je gemak als je je om een andere reden van je groep kunt losmaken en naar een 'pleisterplaats' kunt gaan; je gaat bijvoorbeeld nog een drankje bestellen. Ga je hiertoe over, realiseer je dan dat de ander je zal gadeslaan om te kijken wat je volgende stap zal worden. Blijf je staan om om je heen te kijken alsof je wilt bepalen met wie je nu weer een praatje gaat maken, dan vang je misschien zijn of haar blik op. Glimlach je en wordt die glimlach beantwoord, dan kun je nu op de ander af stappen en je voorstellen.

Dit verloopt allemaal soepel wanneer je ofwel alleen bent, ofwel deel uitmaakt van een losjes gestructureerde groep. In een hechte groep daarentegen, bijvoorbeeld als je op stap bent met goede vrienden, zal een casual intro je een stuk lastiger afgaan. Je groep zal zich er immers van bewust zijn dat je bent weggegaan en iets in je schild voert, of je moet hebben aangekondigd dat je van plan bent op iemand af te stappen. Hun nieuwsgierige lichaamstaal zal signalen uitsturen naar degene die jij wilt benaderen, en de druk die ze op je uitoefenen om je over je verlegenheid heen te helpen zal groot zijn.

Dit is een reden waarom plaatsen als supermarkten en zelfs de werkplek steeds populairder worden als locaties om iemand te benaderen. Die creëren scenario's die de noodzaak om een pleisterplaats op te zoeken overbodig maken. Je krijgt het op een presenteerblaadje aangereikt zolang je maar tegelijk met de ander in dezelfde kassarij terecht weet te komen, of zelfs naar hetzelfde blik bruine bonen op een schap kijkt. Op het werk kun je doordat jullie al zo lang in elkaars nabijheid verkeren legio aanleidingen bedenken om een praatje te maken.

Bij een blind date of een date die is georganiseerd door een relatiebureau wordt van je gevraagd de ander te benaderen voordat je visuele signalen van belangstelling hebt hoeven geven. Ruim voordat jullie elkaar te zien krijgen, heb je al laten weten dat je op zoek bent naar een partner. Het boodschappensysteem raakt hier een beetje van in de war, want dat is erop gebouwd te reageren op een ritueel in de stijl van: 'Hé, hallo!' Bij een blind date dien je te beginnen met beleefde sociale signalen en pas later tijdens de ontmoeting laat je merken dat je de ander aantrekkelijk vindt (áls je dat al vindt). Dat moment is daar zodra er sprake is van een 'verbindingssignaal', over de betekenis waarvan jullie het als het goed is allebei eens zijn. Vaak is dit het punt waarop je empathie toont door samen te lachen. Tijdens het lachen kijken jullie elkaar in de ogen voor de magische blik waaruit interesse blijkt.

Heb je inmiddels het gevoel dat je ogen al het werk hebben gedaan en zo ongeveer uit je hoofd rollen van vermoeidheid, maak je dan geen zorgen. Het volgende wapen uit je seksuele arsenaal komt zo meteen aan de beurt. Oogcontact maken is makkelijk. Daarna komt een vaardigheid die wat moeilijker onder de knie te krijgen is, maar ik garandeer je dat het de moeite loont. Neem nu de tijd om het volgende te leren:

Het 'loopje waarvan iedereen in katzwijm valt'

Bij de meeste sociale gelegenheden komt de eerste indruk die anderen van je krijgen onder andere tot stand door een wandelingetje door een vertrek. Voor vrouwen is dit dé gelegenheid om alles uit de kast te trekken. Een mooi loopje kan anderen letterlijk de adem benemen, hoe laag je ook scoort met je sociale aantrekkelijkheid. Je manier van lopen geeft goede aanwijzingen voor je seksuele gedrag en vaardigheid. Maak er iets moois van en je krijgt de kans om je technieken van timing en choreografie te laten zien. Een 'loopje waarvan iedereen in katzwijm valt' kan mannen superaantrekkelijk maken; een man wordt er een waar seksbeest door in plaats van gewoon de zoveelste saaie piet.

Catwalkmodellen hebben het ultieme sensuele loopje zo geperfectioneerd, dat een man er binnen zestig stappen door gevloerd kan zijn. Maar iedere vrouw kan mooi leren lopen. Het is zelfs een van de effectiefste wapens in haar arsenaal, en staat helemaal los van haar lengte of lichaamsvorm. Je hoeft geen graatmager type van een meter tachtig met maatje 34 te zijn (hoewel ik erbij moet zeggen dat dat wel helpt).

De meeste mensen lopen op een manier die er niet uitziet. Zodra we onze eerste wankele stapjes zetten (als kind, niet als dronkelap), moeten we zelf maar zien uit te vogelen hoe het zit, zonder dat iemand ons daarbij begeleidt. De meeste vrouwen maken wel een paar basisfouten.

- Ze laten zich leiden door hun hoofd, het lichaamsdeel dat het makkelijkst naar voren te brengen is, wat betekent dat je je hoofd omlaaghoudt en naar de grond kijkt.
- Ze houden hun schouders gebogen. Zo zie je er weinig energiek uit en heb je op het oog weinig pit.
- Ze krommen hun rug en steken hun achterwerk naar achteren.
- Ze buigen hun benen vanuit hun heupgewricht.
- Ze planten hun hielen het eerst stevig neer.
- Ze wikkelen hun voeten niet af.
- Ze bewegen zich voort door met hun armen te maaien.

Vergeet niet dat je manier van lopen je meest waardevolle wapen is. Denk maar eens aan wat Marilyn Monroe zei. Zij constateerde dat mensen haar op straat altijd straal voorbijliepen, totdat ze 'haar loopje' deed. Jij kunt hetzelfde bewerkstelligen, zodat alle tijd die je eraan besteedt om jouw loopje te vervolmaken de moeite waard is. Ga te werk volgens deze richtlijnen:

- Alle aandacht bij het aanleren van een 'loopje waarvan iedereen in katzwijm valt' dient gericht te zijn op je voeten. Trek daarom schoenen aan die met je bewegingen meebuigen. Je maakt je voeten los van de grond en beweegt je voort vanaf de bal van je voeten en je tenen. Als je schoenen met dikke zolen draagt, gaat dat moeilijk. Trek iets soepels aan.

- De meeste vrouwen kunnen niet goed op hoge hakken lopen. Om het effect daarvan te compenseren steken ze vaak hun achterwerk naar achteren, waardoor ze al lopend veel weg hebben van waggelende eenden. Stiletto's mogen dan mode zijn, als je er niet goed op kunt lopen, kies dan een lagere hak.
- Ga voor een spiegel staan waarin je jezelf in je volle lengte kunt zien.
- Recht je ruggengraat, alsof je met je kruin probeert het plafond te raken.
- Adem in en laat de lucht weer ontsnappen. Je lichaam voelt als het goed is nu lang maar ontspannen aan.
- Draai met je schouders tot je ze naar achteren, maar wel omlaag kunt houden.
- Schud met je handen om je spieren te helpen ontspannen.
- Raak met je vingertoppen de zijkanten van je benen aan. Begin je te lopen, laat je armen dan een beetje heen en weer zwaaien, maar alleen als natuurlijk gevolg van je lichaamsbewegingen.
- Trek je billen in en steek je bekken naar voren. Je kunt dit terwijl je nog oefent overdrijven, maar doe dat niet langer wanneer je in het echt je katzwijmloopje ten beste geeft. Denk aan modellen op de catwalk. Leer je heupen achterna te gaan. Wanneer je dat doet, snap je waarom een catwalk een catwalk heet: als je dit loopje goed onder de knie hebt, voel je je net een panter. Doe je het niet goed, dan heb je helaas meer weg van een nijlpaard met een hernia. Toch is het niet zo moeilijk als het klinkt.
- Steek nu, als onderdeel van je catwalkoefening, je rechtervoet naar voren en raak met je grote teen de grond aan. Probeer wanneer je je been naar voren brengt de rechterkant van je bekken ook naar voren te duwen, zodat je scharniert vanuit je taille, in plaats van vanuit je heupgewricht.
- Zet de bal van je voet het eerst neer en daarna je hiel. Kijk

je naar catwalkmodellen, dan zie je die misschien eerst hun hiel neerzetten, maar dat hoort bij de nieuwe natuurlijke look. De modellen van een vorige generatie zouden de 'glijtechniek' hebben gebruikt, en die ga jij nu eerst bestuderen.

- Laat je bekken soepel van de ene naar de andere kant rollen, tegelijk met het betreffende been. Beweeg je soepel en denk aan een kat. Geef je bekken de leiding. Denk sexy. Gaat het mis, stop dan en begin opnieuw.
- Neem iets kleinere passen dan je normaal doet. Het gaat er bij een katzwijmloopje niet om wanneer je aankomt, maar wat je onderweg doet.

Heb je deze soepele, krachtige en katachtige manier van lopen geperfectioneerd, voer dan voor het dagelijks leven een afgezwakte versie daarvan in. Op straat hoef je echt niet zo te lopen, maar tijdens het oefenen zul je wel je gewone tred verbeteren. Reserveer het loopje voor momenten waarop het erop aankomt, zoals wanneer je op een feestje door een kamer loopt. Je kunt naar de wc gaan als was je een wandelende reclame voor je eigen sensualiteit. (Het gaat uiteraard om het wandelingetje *naar* de wc, niet om wat je daar aangekomen allemaal doet.)

Voor mannen
- Denk aan delen van je lichaam waarop je terwijl je loopt de aandacht zou willen vestigen. Richt je daarbij op lichaamsdelen die een potentiële partner het meest aantrekkelijk zou kunnen vinden: je gezicht, je borstkas en je onderlichaam.
- Ga na hoe je die lichaamsdelen tijdens het lopen het best kunt laten zien. ('Subtiel' is hierbij wel een sleutelwoord!)
- Stel je een manier van lopen voor die vloeiend is en er losjes en ontspannen uitziet.
- Vermijd alles wat omslachtig oogt of wat je zichtbaar te veel moeite kost.
- Richt je in je volle lengte op door je ruggengraat te strekken.

- Adem in en laat de lucht langzaam weer ontsnappen om innerlijke spanning los te laten en je houding er ontspannen maar nog steeds recht uit te laten zien.
- Richt je energie op je schouders. Draai met je schouders terwijl je je armen langs je lichaam houdt. Stop met draaien wanneer je je schouders naar achteren en omlaag kunt houden.
- Neem geen al te militaire pose aan.
- Trek je buik in en trek je billen ook iets in.
- Laat je vingertoppen licht de zijkanten van je benen raken.
- Loop voor een spiegel en probeer na te gaan wat voor jouw beenlengte een goede paslengte lijkt. Kleine mannen hebben de neiging te grote stappen te nemen, wat er raar uitziet.
- Laat al lopend je armen op een natuurlijke manier meezwaaien met de bewegingen van je lichaam.
- Houd je vingers ontspannen. Bal je handen niet tot vuisten, want dan lijk je net Popeye die zojuist een shot spinazie heeft genomen. Je handen zijn licht gekromd, met gebogen vingers.
- Loop niet met je lichaam schuin naar voren. Houd het rechtop.
- Zet je hielen het eerst neer en rol je voet naar de bal toe af, zodat je tenen je aanzetten tot de volgende stap.
- Beweeg tijdens het lopen je heupen licht vanuit je taille. Op die manier krijgt je tred een gecoördineerde beweging.
- Stel je voor dat je James Dean of Clint Eastwood bent: ontspannen, maar zeer zeker geen watje.

Stijlvariaties

Sommige beroemdheden hebben hun eigen kenmerkende manier van lopen of staan ontwikkeld. Als je die personen cool vindt, wil je hen misschien wel nadoen. Maar dat is dan op eigen risico, want de meeste poses en treds zien er enigszins geaffecteerd uit.

Een Grant Mitchell

Deze look staat hoog aangeschreven bij uitsmijters en sport-fanaten overal ter wereld. Hij wordt gekenmerkt door dusda-nig ontwikkelde armen en een dusdanig ontwikkelde borstkas dat de spieren van de bicepsen verhinderen dat de rest van de armen in contact komt met de romp, wat het 'suikerpoteffect' geeft: een middendeel met twee 'oren'. Wil je dreigend overko-men, dan is deze look geknipt voor je.

Ben je het onderdeurtje van de familie, dan kan deze pose de bovenste helft van je lichaam wat meer volume geven.

Een Victoria Beckham/Liz Hurley

Hierbij sta je mooi rechtop, met rechte rug en schouders, maar je houdt je armen naar achteren en brengt je ellebogen naar je taille, zodat je onderarmen naar opzij steken. Dit heeft het effect dat je je boezem presenteert. Een vrouw ziet er hierdoor ook nogal geëxalteerd en breekbaar uit, ondanks een goedge-proportioneerde voorgevel.

Probeer dit eerst veilig thuis uit.

Een Cilla Black/Davina McCall

Bij deze look houd je je armen vanaf schouder tot elleboog tegen je romp in de vorm van een troostend gebaar van zelf-omvatting. Bij een Cilla wordt de onderarm van elleboog tot pols gebruikt om te gebaren, terwijl bij een Davina de handen op taillehoogte stijf in elkaar worden gevouwen, bij wijze van verontschuldiging voor de vaak behoorlijk gedurfde grappen-makerijen waar haar shows om bekendstaan.

Een Bush/Blair

Deze twee politici geven de politiek een moderner gezicht en dito houding. Succes op het ondeugende vlak wordt gelijkgesteld aan fitheid. Beide mannen staan mooi rechtop, met veel aandacht voor de schouders, wat bijna aan Superman doet denken.

Pruilen als een pin-up

Glamourmodellen en hun tegenhangers uit de filmwereld hanteren een pose waarin hun lichaamsvorm (grote borsten, korte romp) het voordeligst uitkomt. Kylie Minogue boekt hier veel succes mee. De crux is hierbij de welving van de ruggengraat. Je steekt je achterwerk naar achteren, met je romp in de taille weer ingetrokken, en je schouderbladen steken naar achteren uit. Het is net alsof je met je ruggengraat de letter C wilt vormen, wat het voordeel heeft dat zowel je borsten als je achterwerk alle aandacht krijgen. Breng je kin omlaag en pruil als een klein kind dat snoep wil en je bent er bijna. (Deze pose is moeilijker uitvoerbaar dan je zou denken, wil je niet bij de bottenkraker in het plaatselijke ziekenhuis terechtkomen.)

Nu heb je je dus de kunst van het aandacht trekken en vasthouden eigen gemaakt middels technieken als een verbeterde houding en een fraai loopje. Daarmee heb je het voorwerp van je verlangen ervan overtuigd dat er een seksgod(in) in je schuilt. Het wordt tijd om de wat meer verfijnde technieken te gaan uitproberen.

9   Zo maak je jezelf begeerlijk

Het aankoopbesluit

Nu je zover bent, ben je er klaar voor om door te gaan naar de volgende fase, waarbij je iets zult gaan zeggen en gebruik zult gaan maken van luistervaardigheden met oog en oor om de persoon waar je je oog op hebt laten vallen door te lichten en na te gaan of je eerste indrukken klopten of er helemaal naast zaten.

Ben je een man, dan is de teerling nu waarschijnlijk al geworpen; de meeste vrouwen weten binnen de eerste vijf seconden van een ontmoeting of seks met deze man er wel of niet in zit. Maar daar hoef je niet van te schrikken, want we nemen veel langer de tijd om te wachten tot jij ons onze oorspronkelijke beslissing uit het hoofd praat. Veel mannen die geloven dat ze een vrouw met praatjes, grapjes of verleidingskunsten in bed kunnen krijgen, bereiken precies het tegenovergestelde. Ze hád al besloten dat ze het zou gaan doen, maar hij verveelt haar nu zo dat ze op haar oorspronkelijke beslissing terugkomt.

Voor vrouwen

Voor een vrouw is besluiten wat ze *zou kunnen* doen niet hetzelfde als bereid zijn om meteen het bed in te duiken. Het is gewoon een mentale taxatie, geen intentieverklaring. 'Het zou kunnen' betekent niet hetzelfde als 'ik wil'. Eerst moet er nog heel wat water onder de brug door stromen.

Vrouwen kunnen mannen in vrij scherp omschreven categorieën indelen, met de etiketten *kan*, *kan niet* en *zou kunnen* erop. Degenen die het etiket *zou kunnen* meekrijgen, moeten wat extra potentieel laten zien als ze naar de *kan*-categorie door willen gaan. Zo'n *upgrade* (of *downgrade*) kan voor de vrouw zelf een hele verrassing zijn. Je ontdekt bijvoorbeeld dat een man nadat je een praatje met hem hebt gemaakt:

- veel grappiger/hartelijker/intelligenter is dan je had gedacht
- interessanter is dan hij eruitziet
- vriendelijker is dan je had kunnen denken
- beter gekleed is dan je eerst dacht
- zich kan laten overhalen om zich beter te kleden
- rijk is
- in een mooie auto rijdt
- een dikke vinger in de pap heeft bij een tv-zender.

Ja, ik weet dat de laatste vier items ontzettend oppervlakkig klinken, maar niet iedere vrouw is nou eenmaal uit op een Nobelprijswinnaar.

Voor mannen

Hanteren mannen dan maar één categorie, namelijk die met het etiket *kan* erop, met daaronder in kleine lettertjes: *afhankelijk van hoeveel ik gedronken heb*? Natuurlijk niet. Ook mannen beschikken over een delete-mechanisme, hoewel ze zoals ik eerder al zei geneigd zijn minder waarde te hechten aan een positieve toekomst dan vrouwen. Ze mogen graag op uiterlijkheden afgaan en zullen minder snel worden 'verrast' door een herevaluatie wanneer ze in de gaten krijgen dat een vrouw rijker of machtiger is, of zelfs in een mooiere auto rijdt dan ze hadden gedacht. Voor een man zijn dat soort zaken in seksuele zin niet indrukwekkend; ze kunnen zelfs als bedreigend worden ervaren.

Hoe nu verder?

Wil je jezelf begeerlijk maken in de ogen van degene die jij als toekomstige partner ziet, dan bestaat daar – zoals ik in hoofdstuk 1 al zei – geen vaste formule voor die voor alle gevallen opgaat. Maar je kunt je eigen partnerpotentieel wel opkrikken door een paar trucjes te gebruiken. Je gebruikt de directe aantrekkingsfactoren die eerder in dit boek aan de orde kwamen om je voordeel te doen met het eerste-blikmoment, dat de verbinding tot stand brengt. Fase twee omvat gesprekstechnieken en een complexer ritueel van lichaamstaalsignalen.

Voor mannen

De aantrekkingstechniek voor mannen is deels samen te vatten met de woorden: *minder is meer*. Stel je voor dat het tijdens een voetbalwedstrijd 1-0 staat en dat er nog tien minuten speeltijd over zijn. De aanvallers hebben zich allemaal teruggetrokken om de verdedigers terzijde te staan. Het enige wat ze hoeven te doen is de score stabiel te houden.

De man doet hetzelfde wanneer de eerste signalen van aantrekkingskracht zijn uitgewisseld. Je hoeft een vrouw niet met woorden in te pakken of al je geestigheid of amusante vaardigheden op haar los te laten. De meeste vrouwen raken door beide snel verveeld. Ze doen alleen maar alsof ze het amusant vinden, omdat ze voor een groot deel al een beslissing hebben genomen over je geschiktheid. In het element van sociale aantrekkelijkheid is voorzien: vrouwen vinden ofwel dat je er toch al goed uitziet, ofwel ze vermoeden dat je met een beetje geduld en een beetje vertimmeren best iets zou kunnen worden. Het enige wat vrouwen hopen is dat je voldoende interessant gezelschap bent zonder stuitende gewoontes.

Op dit punt doen veel mannen hun eigen zaak geen goed. Ze hebben het gevoel dat ze nog steeds hun best moeten doen, ook al is de strijd al voor een groot deel gestreden. Ze gaan voor het 'versierpraatje', dat altijd alleen maar bewondering oogst van hun vrienden. Wanneer mannen over een andere man zeggen dat die goed is in versierpraatjes, weten vrouwen onmiddellijk dat het een stomvervelende kerel is. Als hij desondanks nog steeds weet te boeien, duidt dat erop dat hij:

- al zijn eigen tanden en haar nog heeft (en misschien een Porsche)
- de sprong in het diepe aandurft en met vrouwen een gesprek durft te voeren
- succesvol is *ondanks* dat praatje, niet *dankzij.*

Zie je een vrouw bij zo'n soort praatje giechelen, dan moet je één ding over lichaamstaal goed begrijpen: mensen maken vaak gebruik van 'goedkeuringssignalen' wanneer ze zich in verlegenheid gebracht voelen. Vrouwen giechelen dan ook vaak om zich minder opgelaten te voelen, niet omdat ze echt geamuseerd zijn. Ik heb naar vreselijk beroerde grappen staan luisteren en om de clou gelachen omdat ik het te gênant vond om iets anders te doen. Hoe vreselijker de grap, hoe harder ik lachte. Met versierpraatjes gaat het ook zo: hoe onbehouwener zo'n praatje is, hoe meer je de neiging hebt te glimlachen. Wil je weten of de glimlach van een vrouw echt is of niet, kijk dan naar haar ogen.

Hetzelfde is van toepassing op 'op-de-borst-klopperij', waarbij de man zo ongeveer met zijn bankafschriften door de lucht wappert, of een jongensachtige, speelse puppy-act opvoert, die zo énig kan zijn dat je onmiddellijk op zoek gaat naar een teiltje.

Doe minder je best om een act op te voeren. Laat niet te snel te veel zien. Vrouwen houden wel van een psychologische uitdaging. We worden liever geïntrigeerd dan overstelpt.

De eerste fase
Goed omgaan met de ruimte is belangrijk. Houd wanneer je iemand voor de eerste keer spreekt voldoende afstand. Lengte

speelt daarbij een rol. Hoe langer je bent, hoe meer afstand je in acht dient te nemen. Geen enkele vrouw vindt het leuk om in de neusgaten van een man te moeten kijken, en door je extra lengte kun je intimiderend en misschien wel bedreigend overkomen. Dit alles wil niet zeggen dat je een gesprek zou moeten voeren vanuit de belendende kamer, maar wanneer je de ruimte tussen jou en de ander aanpast, kan de vrouw zonder nekpijn met je praten. Bij de meeste sociale gelegenheden is de normale positie voor een man van gemiddelde lengte of korter een klein stukje uit elkaar. Ga je verder weg staan, dan lijkt het of je op je hoede bent. Ga je dichterbij staan, dan kom je bedreigend en opdringerig over.

In een lawaaiige club kan ruimtelijk gedrag wat intiemer zijn, omdat je veel sociale regels moet overtreden om met elkaar te kunnen praten. Clubs bieden je de gelegenheid om in het oor van de vrouw te fluisteren, wat je normaal pas zou doen als jullie elkaar al een poosje kennen, maar als je het in deze situatie nalaat word je gewoon niet verstaan. Dit 'overleunen' kan gepaard gaan met een lichte aanraking die in andere gevallen misplaatst zou zijn. (Dat betekent echter niet dat je clubs moet gaan bezoeken *vanwege* de ideale omstandigheden die ze *frotteurs* bieden.) Je krijgt de kans je lichaamstaal te versnellen, ook al stellen verbale subtiliteiten of intimiteit weinig voor vanwege het volume van de geluiden om jullie heen.

Kijk de vrouw aan, maar niet helemaal recht in haar gezicht. Wanneer je het zicht op de rest van het vertrek blokkeert, krijg je weliswaar de aandacht, maar lijk je ook dwingerig. Sta als je je interesse wilt tonen iets naar opzij gedraaid. Kijk nooit weg, want dan lijk je verveeld, of het komt over alsof je nog steeds het vertrek afspeurt naar andere interessante kandidaten. Zet je voeten niet verder dan op schouderbreedte uit elkaar en sla nooit je armen over elkaar, want dat maakt je dominant en kritisch.

In deze fase is het belangrijk onverdeelde aandacht uit te

stralen. Daarmee maak je jullie contact persoonlijker en intiemer, en door op dit punt aandacht te tonen krijg je de kans de vrouw af te zonderen en haar – eerder in termen van aandacht dan in fysieke termen – apart te nemen van de rest van het vertrek. Omgekeerd is het ook je doel om háár volle en onverdeelde aandacht te krijgen, maar zonder je uit te sloven of idioot te gaan doen.

Maak terwijl je luistert gebruik van volledig oogcontact, maar varieer dat enigszins terwijl je praat, want anders kom je agressief over. Je streeft naar lange periodes van aangehouden oogcontact tussen jullie tweeën. Kruisen jullie blikken elkaar, hoe kort ook, dan begin je op een veel dieper niveau te communiceren. De mensen om jullie heen zullen onbewust deze 'klik' opmerken en jullie alleen laten.

Kies een geschikt moment uit als je het oogcontact betekenisvoller wilt maken. Aangehouden oogcontact heeft iets magisch. Je kunt het gevoel krijgen alsof de ander je recht in je ziel kijkt. Maar ga niet met lege ogen staan staren, want dat ziet er gluiperig en agressief uit. Leg een boodschap in je blik. Ga er helemaal voor. Stel je voor dat je probeert te zeggen: 'Jij bent de meest verbazingwekkende vrouw die ik ooit heb ontmoet.' Laat die gedachte uit je blik spreken. (Rustig maar, je hoeft het niet hardop te zeggen.)

Maak gebruik van actieve luistertechnieken, zoals knikken en gezichtsuitdrukkingen die passen bij de dialoog. Kijk niet alsof je niet kunt wachten tot jij aan de beurt bent om iets te zeggen. Laat je blik ook nog niet omlaag dwalen naar de rest van haar lichaam; dat had je immers al gezien voordat je haar benaderde. Als je het nu doet, kom je onbehouwen over.

Zorg dat er contact en empathie ontstaan. Wanneer de vrouw over iets vertelt dat haar is overkomen, probeer haar gevoelens dan op de juiste wijze samen te vatten, zoals: 'Dat moet heel vervelend voor je zijn geweest.' Of zeg iets als: 'Je zult wel behoorlijk van slag zijn geweest.' Mannen maken zelden gebruik van deze inzichttechniek, maar die duidt op diepgang in denken en op belangstelling voor de gevoelens van de vrouw. Is je gissing naar de emoties juist, dan zul je waarschijnlijk succes hebben. Grijp terug op iets wat ze aan het begin van het gesprek heeft gezegd, en je laat daarmee merken dat je hebt geluisterd. Ik garandeer je dat ze onder de indruk zal zijn.

Heb je eenmaal geprobeerd betekenisvol oogcontact te leggen (slechts kort, met een paar seconden moet het gelukt zijn, je hoeft haar niet te hypnotiseren), ga dan over tot het eerste flirtsignaal. Kijk de vrouw in de ogen, laat je blik omlaaggaan naar haar mond, en kijk vervolgens weer naar haar ogen. Doe dit met een vage glimlach die zegt: 'Mijn god, wat zie je er heerlijk uit.' (En niet: 'Je hebt een stukje broccoli tussen je voortanden zitten.')

Voor vrouwen

Over het algemeen zouden vrouwen zich in deze fase van de transactie wat actiever moeten opstellen. Bette Davis kon dan misschien met een sigaret achteroverleunen terwijl de mannen rond haar voeten krioelden, maar die tijd is helaas voorbij, als hij al ooit heeft bestaan.

De tijden dat je moest wachten tot de man het initiatief nam zijn ook voorbij, hoewel sommige mannen – met name oudere – nog steeds aan dit kleine ritueel de voorkeur geven. Het is namelijk wel zo dat de manier waarop je je opstelt, bepalend is voor de machtsverhouding in een relatie, hoewel de man zich wanneer hij voor een actieve benadering kiest meestal allesbehalve machtig voelt.

De regels van het spel mogen dan veranderd zijn, dat is nog lang niet altijd in die mate het geval als we graag veronderstellen. Toen ik onderzoek deed onder mensen van onder de twintig, merkte ik op dat veel jongeren zich nog steeds houden aan het ritueel van 'jongen doet de eerste stap', zoals dat gebruikelijk was bij de generatie van hun grootouders. In sommige gevallen dachten de jongens nog steeds dat zij bij een date alles moesten betalen.

Heb je het gevoel dat je er zelf niets van terecht zult brengen, laat de man dan de eerste stap zetten.

De eerste fase

Richt je in je volle lengte op, ook als je lang bent. Welf je rug enigszins, zodat je borsten omhoogkomen en je billen naar achteren wijzen. Buig je ene knie naar je andere been. (Van deze poseertechnieken maakte je hiervoor gebruik om aantrekkelijk te zijn, dus haal het effect nu niet onderuit door in elkaar gezakt of krom te gaan staan.)

Laat je kin iets zakken wanneer hij aan het woord is en kijk op naar zijn gezicht. Glimlach daarbij (met je lippen enigszins getuit en gerimpeld, een glimlach zonder tanden), want anders lijkt het of je het maar niks vindt. Dan, op een goed moment, liefst wanneer hij je een complimentje geeft of iets grappigs zegt – als je te lang moet wachten op zo'n sleutelmoment, denk er dan eens serieus over na de uitgang op te gaan zoeken, tenzij hij iets *geweldigs* te besturen heeft, zoals een jacht – strek je je hals. Op die manier kun je je keel voor hem ontbloten, wat als ontzettend erotisch kan worden opgevat, en niet alleen door vampiers. Dat komt waarschijnlijk doordat de ogen zo een soort skihelling geboden wordt, die regelrecht uitkomt bij je decolleté. Een tip om deze kleine manoeuvre maximaal effect te geven: draag geen kettingen of andere sieraden, want die verstoren het hellingeffect. De kwetsbaarheid van de hals duidt bovendien op een groot vertrouwen in dit contact. Heb je dit gebaar al vanuit de verte gemaakt, schroom dan niet om het van dichtbij nog een keer te doen. (In feite kun je het tijdens de eigenlijke seks, als je zover komt, ook een flinke slinger geven. Als de man groot is geworden op een dieet van porno, verwacht hij misschien wel dat het de norm is. Het is min of meer een klassieke pose.)

Raak met één hand je hals licht aan. Voor iedere man die nog steeds zo stom is dat hij zich door het halsgebaar niet laat aanmoedigen, fungeert dit als het equivalent van ondertiteling. Maar het gebaar mag niet nerveus zijn. Het mag nooit worden verward met agitatie, maar moet sensueel blijven.

Houd je drankje zo vast dat de rand van het glas zich ter hoogte van je borsten bevindt. Omvat het nooit met twee handen, want dan lijk je op een bedelaar met een bedelnap, en dat ziet er niet uit. De manier waarop je je glas vasthoudt is belangrijk, want die wordt opgevat als aanwijzing voor je seksuele techniek. Je greep moet losjes zijn; streel de steel terwijl hij aan het woord is af en toe met één vinger.

Laat ten minste een van je voeten naar de man toe wijzen. In werkelijkheid betekent dit vrij weinig, maar om de een of andere reden hechten veel mannen een heleboel waarde aan dit gebaar. Het is een van die lichaamstaallegendes die maar niet uit te roeien zijn. Hetzelfde geldt voor de houding die je aanneemt als je zit. Wijs dan met je gekruiste been naar hem toe.

De grootste flirttechniek voor vrouwen ligt waarschijnlijk het meest voor de hand: wat je ook doet, kijk geïnteresseerd bij wat hij zegt. Het vermogen om goed te luisteren, of je over te geven aan wat de Amerikanen *aerobic listening* noemen, is een van dé elementen van charisma en een gouden flirttechniek. Mannen zijn graag het middelpunt van de aandacht. Dat bevestigt of benadrukt hun rol als leider van de roedel, of wekt althans de suggestie dat ze de groep domineren. Komt hij uit een groot gezin, dan zal hij zijn hele jeugd lang voor deze toegewijde aandacht hebben gevochten; is hij enig kind, dan verwacht hij dat die hem rechtens toekomt. Onverdeelde aandacht is het lokmiddel waar de meeste mannen voor vallen, zelfs verlegen mannen die al blij zijn als ze van althans één persoon aandacht krijgen.

Goed luisteren, of in elk geval *doen alsof* je goed luistert, is heel makkelijk. Maak gebruik van oogcontact. Knik terwijl hij aan het woord is; dat duidt op empathie en begrip. Pas je kniktempo aan aan het onderwerp: vrij snel bij verhalen over voetbal en andere fantastische zaken, langzamer bij werkgerelateerde onderwerpen, en nog langzamer bij verhalen over echtscheiding, gezondheidsproblemen of andere emotionele kwesties. Buig je iets naar voren. Kijk hem recht aan.

De meeste mannen zien bij vrouwen graag twee gezichtsuitdrukkingen: geamuseerd en meevoelend. Deze bieden alle aanwijzingen die ze nodig hebben om hen ervan te overtuigen dat ze het beste maatje, de grootste seksgodin of de ultieme plaatsvervangende moeder hebben gevonden naar wie ze hun hele leven hebben gezocht.

Bij beide uitdrukkingen spelen vooral de ogen een rol. Wie te veel nadruk op mondbewegingen legt, lijkt algauw onoprecht. Bij 'geamuseerdheid' knijp je je ogen enigszins tot spleetjes, terwijl je tegelijkertijd je ogen naar zijn mond laat dwalen, alsof je geamuseerd bent door wat hij zegt. Combineer dit met een onderdrukte glimlach, waarbij je je lippen op elkaar houdt en één of beide mondhoeken omhoog laat krullen, bijna alsof je een glimlach niet kunt onderdrukken.

De 'meelevende' uitdrukking ontstaat door een lichte frons van bezorgdheid te trekken, waardoor je een uitdrukking in je ogen krijgt alsof je zojuist hebt gehoord dat zijn hond is gestorven (en dat kon best wel eens waar zijn). Hierbij buig je je iets naar voren en knik je langzaam. Laat je blik eerder zacht zijn dan koel of verbaasd, want dat is weinig zorgzaam.

Naarmate mannen ouder worden, neemt hun hunkering naar deze twee emoties toe, en daarom doe je er goed aan ze te perfectioneren als je kiest voor een oudere man. Als vuistregel geldt 'hoe ouder, hoe meer problemen', dus meelevendheid wordt begeerlijker gevonden dan een betuttelende houding. Reserveer je meelevendheid echter voor momenten die min of meer privé zijn. Veel mannen hangen in het openbaar verhalen over zware beproevingen op, omdat ze liever bewondering willen oogsten dan tranen van medeleven. (Hoewel ik weet dat dit een boek over lichaamstaal is, heb ik toch een verbale tip voor je die hier niet onvermeld mag blijven. Vermijd als vrouw reacties als 'Je maakt zeker een grapje?' of 'Dat geloof ik niet!' wanneer je van een man een tragisch of emotioneel verhaal te horen krijgt. Vrouwen zeggen zulke dingen om aan te geven dat ze oprecht verbijsterd zijn, maar mannen vatten deze zinnetjes letterlijk op en gaan ervan uit dat jij denkt dat zij liegen, of dat je hun ellende wel amusant vindt.) Voor seksueel flirten is het van belang je medeleven te tonen. Mannen die niet bijster veel vertrouwen hebben in wat ze in de slaapkamer presteren, vinden een meelevend imago seksueel aantrekkelijk. Ze denken dan dat je ook wel niet zo snel moeilijk gaat doen over een of andere vorm van impotentie.

Spiegelen is ook een goede flirttip voor vrouwen. Door de lichaamstaal van de man en/of zijn manier van doen subtiel na te bootsen, kun je sneller tot elkaar komen. Doe geen al te kerelachtige dingen na, maar zolang het vrolijk, kalm of serieus is, of bij kleine bewegingen, kun je rustig je gang gaan. Onthoud: gelijke lichamen, gelijke zielen.

Begin je je door al dit spiegelen en luisteren een beetje 'overgeleverd' te voelen, maak je dan geen zorgen. Deze fase van het relatieproces is te vergelijken met hoe een sollicitatiegesprek zich verhoudt tot de baan zelf: je zet je beste beentje voor om zoveel indruk te maken dat je door mag naar de volgende ronde. Zijn jullie allebei ook maar een beetje slim, dan beseffen jullie ook wel dat degene met wie je nu in gesprek bent maar weinig lijkt op degene die je zou ontdekken als je een date of seks met hem/haar zou hebben of met hem/haar getrouwd zou zijn. Je gedrag van dit moment is een soort zondags pak om indruk te maken op je potentiële baas. Jullie weten allebei heus wel dat je dat pak niet voortdurend draagt, maar het feit dat je het nu wel aanhebt is op zichzelf heel vleiend. Denk niet dat je na deze eerste ontmoeting niet meer zou kunnen veranderen. Dat je nu het ego van de ander masseert houdt niet in dat je later niet assertiever zou mogen worden.

Maar vind je het meer opportuun om je sterk te profileren en het cool te spelen, ga dan je gang. De meeste vrouwen kunnen de mannen die goed op een dergelijke behandeling reageren er zo uit pikken. Tot de symptomen behoren in de regel een verzorgd uiterlijk en lichtelijk blaaskakerig gedrag. Eén levenswaarheid is dat mensen die alles kunnen krijgen wat ze hebben willen, alleen dingen willen die ze niet kunnen krijgen. Zoals ook gebeurt wanneer je op een wachtlijst wordt gezet voor een zonnebril van Prada, maakt het wachten het verlangen alleen maar groter. Maar ga er niet van uit dat een man helemaal van zichzelf vervuld is alleen maar omdat hij er goed uitziet.

Laat wat meer van jezelf zien

Heb je je imago eenmaal gepresenteerd aan degene op wie je een oogje hebt en zijn jullie in gesprek geraakt, dan is dit het moment om met 'strippen' te beginnen. Mensen houden van contrasten, en wil je dieper tot iemand doordringen, dan is het aan jou daar een begin mee te maken. Deze onthullingstechniek wekt de indruk dat je de ander een glimp gunt van je ware zelf. Als het goed gedaan wordt, is dat vleiend.

Als je jezelf bijvoorbeeld tot nu toe hebt gepresenteerd als zelfverzekerd, of zelfs luidruchtig, brutaal en geestig, kan een andere techniek je vervolgens enorm aantrekkelijk maken. Vrouwen houden ervan wanneer een branieschopper – *tegenover hen* – zijn zachte kanten laat zien. Of van een intellectueel die zich mal kan gedragen. Of van een seksgod die zijn best doet over zijn verlegenheid heen te komen. De buitenste lagen afpellen om de waarheid die daaronder ligt te onthullen is – voor sommigen – uiterst aantrekkelijk. We hebben graag het idee dat we de 'echte' persoon kennen, degene achter het masker. Wanneer je al aan het begin van een mogelijke relatie hiervan iets laat zien, vergroot dat je kansen. In zekere zin raakt de relatie daardoor in een stroomversnelling.

Onthoud: de striptease mag nooit verbaal zijn, want dan komt hij onoprecht over. Wanneer je iemand vertelt dat je diep vanbinnen erg verlegen bent, terwijl je zojuist een halfuur hebt staan paaldansen, klinkt dat onoprecht en manipulatief. Maar wanneer je hetzelfde uitdrukt middels je lichaamstaal, kan het weer wél oprecht en aantrekkelijk overkomen.

Deze afpellerij is een belangrijk instrument in je streven om aantrekkelijk voor anderen te zijn. Het betekent niet dat je je onecht hoeft voor te doen, maar is alleen een manier om de ander een snelle blik op je verborgen diepten te gunnen. Dat is vooral van belang wanneer je je voordoet als een getapt of enigszins poenerig figuur. Je kunt misschien best aardig entertainen, maar je boeit meer als je tegelijkertijd iets van intelligentie of gevoeligheid kunt laten doorschemeren. Deze methode is ook effectief wanneer je erop zinspeelt dat je deze kant van je karakter vrijwel uitsluitend laat zien aan deze ene persoon tot wie je je aangetrokken voelt. Overmatige zelfverzekerdheid kan worden gecontrasteerd met een vleugje onzekerheid, lolbroekerij met ironie of een meer gevoelvolle kant, en een sexy uiterlijk met onschuld. Wanneer je hier goed in bent, word je een soort menselijke magneet.

Het gezicht dat je laat zien

Wat voor soort persoon laat je over het algemeen zien bij sociale gelegenheden? Ben je luidruchtig of stil, verlegen of extravert? Vertel je moppen en ben je lichamelijk actief, of bedaard en ingetogen? Ben je charmant-als-een-puppy of beminnelijk-charmant? Doe je je ruig of koninklijk voor?

Een beeld krijgen van je algehele image is een belangrijke eerste stap bij het strippen van jezelf. Ben je er onzeker over, vraag er dan eerlijke vrienden naar. Vraag partners *altijd* hoe zij vonden dat je je bij jullie eerste ontmoeting presenteerde. Loopt de relatie mis, dan heb je in elk geval dit stukje waardevolle informatie in handen en kun je daar in het vervolg je voordeel mee doen. Ben je je eenmaal bewust van je stijl van presenteren, dan kun je werk gaan maken van kleine contrasten.

Zie je het effect niet helemaal scherp voor je, denk dan aan soappersonages. De kijkers houden van de contrasten in hun karakters: hoe groter het contrast tussen twee kanten van dezelfde persoon, hoe meer we op dat personage gesteld zullen zijn. In de meeste soaps is er een rol weggelegd voor een 'haaibaai'. Zij presenteert zich zodanig dat de meeste mensen zich uit de voeten zouden maken als ze haar in een café zouden tegenkomen. Dit personage is luidruchtig en vaak agressief. Maar wel zijn we gevoelig voor het enorme contrast tussen die brutaliteit en dat wat erachter schuilgaat. De tragedies en onzekerheden waarmee zo'n personage te kampen heeft, kennen we allemaal. Hetzelfde gaat op voor een agressief mannelijk karakter. Zelfs Ludo Sanders van *GTST* heeft een menselijk hart.

Ik wil niet beweren dat je je als zo'n personage zou moeten voordoen, maar je kunt het idee van contrasten van hen overnemen, zij het in afgezwakte vorm.

Je hoeft tijdens deze eerste ontmoeting maar een kleine toespeling te maken op je verborgen diepten. Geef je te veel bloot, dan blijven die diepten niet langer verborgen. Ze gaan deel uitmaken van het gezicht dat je presenteert, en vervolgens moet je op zoek naar iets anders wat kan worden afgepeld. Straks ga je nog zitten vertellen over je speelgoedtreintje op zolder en dat je moeder nog steeds elke avond een warme kruik voor je maakt! Dát soort afpellen zal in de verste verte niet als aantrekkelijk worden beschouwd.

Toegevoegde waarde

Ik had het in het begin van dit boek over verschillende niveaus van aantrekkelijkheid: we kijken uit naar iemand met sociaal appeal, maar ook naar iemand die aansluit bij wat ons in het verleden een goed gevoel gaf. De afpeltechniek kan je ook helpen een kansje te wagen bij iemand door die persoon een glimp van iemand anders te presenteren. Slaag je er met het gezicht dat je toont niet in contact te leggen, dan lukt dat met de alternatieve versie misschien wel.

Ik heb hier eens een sterk staaltje van meegemaakt in een restaurant. De jonge serveerster die daar de bestellingen opnam zag er trendy en casual uit. Het groepje mannen van middelbare leeftijd dat ze bediende, verwachtte van haar kennelijk dat ze in alle mogelijke opzichten mijlenver van hen af zou staan. Maar die vlieger bleek niet op te gaan. Er gebeurde iets grappigs terwijl ze de bestelling opnam en ze zei: 'Het lijkt Monty Python wel, hè?' Opeens keken alle mannen haar geïntrigeerd aan: ze sprak hen direct aan op iets uit hun verleden! Nu vonden ze haar ineens interessant. Tot dat moment hadden ze haar beschouwd als iemand met wie hun tienerzoons zouden kunnen omgaan, maar nu was er contact gelegd. Plotsklaps verkeerden ze in het gezelschap van een geweldig leuke en interessante jonge vrouw, en ze wisten haar kostelijk te amuseren met hun vertolking van de Python-sketch met de dode parkiet. Heerlijk!

Ik maakte iets vergelijkbaars mee toen ik een beroemde intellectueel ontmoette die mensen nogal afschrikwekkend tegemoet kan treden. Ik zat zenuwachtig te rebbelen terwijl hij opeens iets zei met een heel ondeugend lelijk woord erin. Hij werd er zelf door verrast en we moesten allebei lachen als kleine kinderen. Ik was diep onder de indruk geweest van zijn enorme intellect, maar ik had niets gemeenschappelijks ontdekt. In mijn werk en manier van communiceren sta ik immers meer met beide benen op de grond. Het vleugje kinderlijke ondeugendheid wist echter wél contact tussen ons te leggen.

Doen alsof

Wanneer je gebruikmaakt van de afpeltechniek, is het belangrijk dat je nooit afdwaalt naar het gevaarlijke gebied van onechtheid. Afpellen houdt in dat je naar buiten toe een waar gezicht laat zien en tegelijkertijd iets van wat er binnen in je omgaat prijsgeeft; alsof je een pak draagt, maar iemand ook een blik gunt op je ondergoed. Doen alsof is iets anders. De benadering van 'ruwe bolster, blanke pit' is zeker aantrekkelijk, maar als je de indruk probeert te wekken een enthousiast feestbeest te zijn terwijl je vanbinnen een treurwilg bent, ben je voor niemand leuk om mee om te gaan.

Vrouwen hebben minder last van bepaalde vormen van onoprechtheid dan mannen. Zij zijn (ik ga nu enorm generaliseren, maar dit gaat echt vaak op) gevoeliger voor andere mensen dan mannen. Meestal voelen ze vrij makkelijk aan of iets onecht is. Maar 'aanvoelen' wil hier nog niet zeggen 'van de hand wijzen'. De kleine psycholoog die in het binnenste van vrouwen leeft zal haar vaak voorhouden dat wat een overduidelijke incongruïteit lijkt in werkelijkheid een teken van kwetsbaarheid is, dus dat er achter de leugen wel eens iets leukers zou kunnen schuilgaan. We vatten zoiets vaak op als een vorm van kinderlijk verstoppertje spelen waarmee onhandig geprobeerd wordt indruk te maken, en soms is dat als vleiend te beschouwen.

Onechtheid wordt door vrouwen niet getolereerd als die afkomstig is van hun eigen sekse. Vriendinnen stellen in hun vriendschap eerlijkheid op de eerste plaats. Vrouwen delen meer, verbaal en emotioneel, dan mannen. Ze leggen de lat hoog en verwachten openheid, behalve wanneer ze elkaar twee vragen stellen: 'Zien mijn kleren er een beetje uit?' 'Wat vind je van mijn nieuwe man?' In alle andere gevallen móéten vriendinnen gewoon eerlijk tegen elkaar zijn, want als er gelogen wordt, hebben ze dat meteen in de gaten.

Misschien omdat ze minder optimistisch zijn ingesteld zullen mannen onechtheid bij vrouwen opvatten als een teken dat ze minder leuke dingen te verbergen hebben. Ze hebben vaak meer vertrouwen en hebben onechtheid minder snel in de gaten, maar als ze dat wel hebben, zullen ze onechtheid niet gauw als een kinderlijke zwakte beschouwen. Dat komt wellicht omdat ze er in eerste instantie al in zijn getrapt. Vrouwen biedt het zekerheid om door de leugen heen te kunnen kijken; voor mannen kan het rampzalig zijn dat ze de leugen hebben geslikt. Terwijl vrouwen een klein jongetje zien achter een man die wilde verhalen ophangt, ziet een man eerder een Cruella de Ville achter het aanbiddelijke kleine meisje.

Anti-flirten

Heb je volledig gebruikgemaakt van je flirttechnieken – je hebt je potentiële partner je onverdeelde aandacht geschonken en diens bewegingen gespiegeld –, dan wordt het tijd om over te gaan op een gigantische truc. Terwijl de ander zich vergenoegd koestert in de gloed van jouw aandacht, draai je de kraan een poosje dicht. Dat is een effectief schoktactiekje, zoals wanneer je iemand gezellig voor een warm haardvuur installeert en dan opeens het vuur weghaalt en hem of haar in de kou laat zitten. Wat gebeurt er? De ander zal het vuur terug willen. Ga subtiel, maar kordaat te werk. Nu de ander weet wat hij of zij zou kunnen hebben, laat je hem/haar zien hoe het voelt als dat iets er niet meer is. Trek je terug en kijk een poosje de andere kant op. Hopelijk wordt het contrast gewaardeerd en probeert je potentiële partner het vuurtje weer aan te wakkeren. Vervolgens zet je het weer aan. Dat maakt de ander duidelijk dat die moet werken voor je aandacht en dat je geen gemakkelijke prooi bent.

Iets wat in dit stadium zowel je zelfvertrouwen als je succes onderuit zou kunnen halen is de neiging om je zo sterk te fixeren op je eigen lichaamstaaltechnieken dat je niet in staat bent na te gaan wat voor effect ze op je potentiële partner hebben. Vindt de ander je leuk? Ziet die jou wel zitten? Of wil hij/zij liever dat je opkrast?

Negatieve innerlijke dialogen kunnen destructief zijn, dus is het belangrijk evenveel tijd te besteden aan de lichaamstaal die je ontvangt als aan het op maat snijden van je eigen uitgaande boodschappen. Het volgende hoofdstuk behandelt hoe je de signalen van je potentiële partner kunt interpreteren, vanaf de eerste fase van de kennismaking tot het moment dat het intiemer begint te worden.

10 Vindt de ander me leuk? – Zo interpreteer je de signalen van je potentiële partner

Hoe kun je merken of iemand jou wel ziet zitten? Wederom zullen de signalen complex zijn, maar als je erop let en ze goed interpreteert, geeft dat je altijd aanwijzingen, zo niet onweerlegbare feiten.

In een ideale situatie is de makkelijkste manier om te laten weten of je iets in een ander ziet, door dat gewoon te vertellen. Alleen hebben we daar zelden genoeg zelfvertrouwen voor, omdat we bang zijn voor afwijzing of vrezen voor gek te staan. Tieners hebben dé oplossing gevonden: die laten een vriend of vriendin tegen het voorwerp van hun verlangen zeggen dat ze een oogje op hem of haar hebben. Is het antwoord een afwijzing, dan kunnen ze nog altijd zeggen dat hun vriend(in) het niet meende. Makkelijk zat!

De rest van de mensheid moet zich verlaten op lichaamstaalsignalen. Die kunnen, zoals ik al heb gezegd, misleidend zijn, zeker in een werksituatie, waarin collega's non-stop flirtsignalen naar elkaar kunnen zenden, zonder werkelijk seksuele bedoelingen te hebben. In sommige sociale groepen wordt druk geflirt, hoewel iedereen al een partner heeft en de onuitgesproken regel is dat niemand verdergaat dan dat.

Om in de maatschappij te kunnen leven zijn we genoodzaakt om onze seksuele signalen zorgvuldig in evenwicht te houden. Leggen we het er te dik bovenop, dan vindt men dat we ons niet netjes gedragen en geen zelfbeheersing hebben. Houden we ons te veel in, dan worden we beschouwd als koel, niet-expressief en afstandelijk. Wat passend gedrag is hangt af van de cultuur en groepsgrootte. Houd dus wanneer je andermans signalen interpreteert deze beide aspecten in je achterhoofd alvorens een relatie te leggen met je eigen opvatting van 'de norm'.

Zo ontstaat er bijvoorbeeld in grote steden vaak een cultuur waarin men lichaamstaalsignalen op afstand uitzendt om veiligheid en afzondering te bewerkstelligen. Toch kan er wel degelijk sprake zijn van een heel sterke en seksueel geëmancipeerde reeks sociale signalen die mensen van buiten de stad kunnen choqueren. Die hebben vaak een vriendelijker eerste benadering ontwikkeld, terwijl ze zich in sociale situaties veelal formeler gedragen.

Wanneer je uitkijkt naar signalen die aangeven dat een potentiële partner wel iets in jou ziet, houd dan alsjeblieft met alle omstandigheden rekening. Sta stil bij elke reden waarom deze persoon zich zo zou kunnen gedragen en zorg ervoor dat een 'nee' geen aanstoot hoeft te geven mocht je tot de ontdekking komen dat je de signalen verkeerd hebt geïnterpreteerd.

Dierlijke signalen

Wanneer we ons tot iemand aangetrokken voelen, zenden we bepaalde instinctieve signalen uit waar we ons niet van bewust hoeven te zijn.

Verzorging. Wanneer we iemand zien die we leuk vinden, beginnen we vaak met een ritueel van zelfverzorging. Het kan om zoiets simpels gaan als ons haar gladstrijken of onze kleding rechttrekken. Vrouwen maken ook verzorgende gebaren tegenover hun partner om aan te geven dat deze man 'van hen' is. Weet je nog hoe opgelaten je je kon voelen als je moeder je op straat je neus liet snuiten in een zakdoek, of je gezicht afveegde? Nou, helaas zitten dergelijke gebaren in het DNA van iedere vrouw ingebakken. Onderschat nooit het gebaar dat een vrouw maakt wanneer ze je das rechttrekt of een pluisje van je jasje plukt: ze markeert zo haar territorium en waarschuwt andere vrouwen uit de buurt te blijven. Wees maar blij dat ze je geen zakdoek voorhoudt om je neus in te snuiten!

Bekkenaanpassing. Mannen nemen een houding aan waarbij ze hun onderlichaam verder naar voren brengen dan normaal. Bij vrouwen kromt de rug zich en gaan de billen iets naar achteren. (Maar in beide gevallen kun je zwaar in de problemen komen als je deze beweging probeert van dichtbij gade te slaan.)

Taille slanker maken. Beide seksen zullen proberen hun romp op een aantrekkelijke manier te presenteren. Dat betekent dat de persoon in kwestie zich lang maakt, de buik intrekt en zo de taille slanker maakt.

Blozen of kleuren. De lichaamstemperatuur wordt een paar graden hoger. (Nervositeit kan dit effect echter ook hebben.)

Omfloerste stem. De stem wordt tijdens seksuele prikkeling iets dieper.

Verwijde pupillen. Deze onwillekeurige respons is een goede aanwijzing voor wat er werkelijk in iemand omgaat, maar van een afstand is dit signaal moeilijk te zien.

Oogcontact. Als je iemand leuk vindt, valt het niet mee om die persoon niet aan te staren. Je kunt een magische eerste blik verwachten, gevolgd door episodes van aangehouden 'kijken'.

Draaien van de romp. Vooral mannen hebben de neiging het meest prominente deel van hun lichaam naar de belangrijkste persoon in het vertrek te richten. Staat hij met zijn borst naar je toe gedraaid, ook al heeft hij zijn blik afgewend, dan betekent dat dat hij belangstelling voor je heeft.

Spieren spannen. Vaak een teken dat een man zich tot je aangetrokken voelt. Dit signaal duidt erop dat je zojuist zijn beschermende, mannelijke kant hebt aangesproken. Maar loopt het uit op kraken met de knokkels, dan houd ik mijn hart voor je vast.

Pogingen tot isolatie. Wanneer iemand iets in je ziet, zal diegene proberen je af te zonderen, eerst van je groep en daarna van de rest van de aanwezigen in het vertrek. Let op of de ander recht voor je staat wanneer hij of zij met je praat, of probeert zo te gaan staan dat je hem of haar directer aankijkt. Wanneer iemand recht voor een ander gaat staan zonder dat er barrières zijn, is dat vaak een teken van interesse.

Borst opzetten. Zowel mannen als vrouwen zullen proberen hun borst meer naar voren te steken. Bij mannen dient dit om kracht en superioriteit uit te stralen; vrouwen bieden hun borsten aan ter goedkeuring. Borsten zijn een krachtig seksueel signaal, omdat ze de vorm hebben van billen.

Op-de-borstklopperij. Niet letterlijk, natuurlijk, maar een man zal vaak op de een of andere manier indruk proberen te maken op de vrouw. Deze op-de-borst-klopperij kan sterk in het oog lopen: luidruchtig en speels gedrag, spieren aanspannen, sportief vertoon, hard rijden, met bierviltjes goochelen, flesjes of zakjes chips openmaken met de tanden, blikjes bier of frisdrank met één hand fijnknijpen, zelfs bokspringen over paaltjes of dingen kapotmaken, of – subtieler – zwaaien met een duur horloge of een creditcard, geuren met kennis of statussymbolen (zoals een beroepstitel of autosleutels), merkkleding dragen met opvallende labels, laten blijken helemaal op de hoogte te zijn van de ins en outs van mobieltjes door middel van ringtones of internetverbinding.

Vrouwen vinden zulk vertoon vaak stomvervelend, maar voor mannen kunnen deze zaken een noodzakelijk onderdeel zijn van de hofmakerij. Bij mannen die jong zijn, of in emotioneel opzicht minder ontwikkeld, komt er geen eind aan de op-de-borst-klopperij; zo'n man nodigt een vrouw bij hem thuis uit alleen maar om haar te laten zien hoe goed hij is in computerspelletjes.

Fallisch vertoon

Hierbij is niet altijd sprake van bewuste opzet, maar schenk toch aandacht aan deze signalen. Je kunt er in elk geval altijd nog hartelijk om lachen.

Aandacht vestigen op kruis, billen, borst(en). Deze gebaren kunnen subtiel zijn. Een man schuift zijn colbertje naar één kant opzij om zijn kruis te laten zien, of vindt een excuus om ergens tegenaan te leunen en één hand in zijn broekzak te steken, waarmee hij de aandacht op zijn kruis vestigt. (Herhaald en langdurig gefriemel aan kruis of billen duidt op iets wat een stuk minder aangenaam is.) Een vrouw kan één hand op haar heup leggen om haar onderlichaam en billen te accentueren.

Over de stropdas strijken. Kan er iets nóg meer op een pijl lijken die naar de penis wijst?

Wippen met een been. Een vrouw die met haar benen over elkaar zit, kan haar bovenste been op en neer laten wippen. (Gaat dit te snel, dan kan het echter een teken zijn van verveling of ongeduld.) Omvat ze haar knie en buigt ze zich een stukje voorover, dan komt ze in een flirterige en speelse stemming. Een vrouw kan ook met één hand over het been strijken, of één schoen aan haar tenen laten bungelen.

Mond aanraken. Een vrouw kan haar mond aanraken met het topje van haar wijsvinger of langs haar lippen likken. Maar wanneer ze met één vinger langs haar mondhoek gaat, als om een kruimeltje weg te vegen, betekent het iets heel anders. Het is een soort plaatsvervangend gapen, dat erop duidt dat ze je opdringerig vindt, of dat je haar verveelt. Andere gezichtsaanrakingen dienen ook als waarschuwingssignalen te worden opgevat. Het zijn zelftroostende gebaren die normaal gesproken wijzen op ongemak, onrust of verveling.

Lippen van elkaar. De lippen worden tijdens seks voller, en prikkeling of seksuele interesse kan dit proces in gang zetten, wat leidt tot een subtiel openen van de mond.

Tuitmond. Een mondgebaar dat favoriet is bij seksbommen. In combinatie met tot spleetjes geknepen ogen en een schuin achterovergehouden hoofd, à la Marilyn Monroe, kan het een nabootsing zijn van het vrouwelijk orgasme. De oorsprong van de tuitmond heeft echter minder met seks en meer met vertroosting te maken: het is namelijk de mond van een kind dat aan de borst van zijn moeder zuigt. Bij een vrouw kan de tuitmond erop wijzen dat ze zowel lief als sexy wil worden gevonden terwijl het bij een man vaak een teken is dat hij graag bemoederd wil worden.

Over een schouder wrijven. Bij een man kan dit wijzen op verveling. Bij een vrouw kan het duiden op aantrekking als het wrijven langzaam en sensueel gebeurt. De blote schouder en bovenarm zijn gevoelige gebieden, en dit gebaar kan een uitnodiging tot aanraken zijn. Maar het creëert ook een barrière, want de arm kruist de borst. Daardoor is het zowel sensueel als zelfbeschermend. Pas hiermee op. Gaat het gebaar gepaard met een voorwaartse buiging maar niet in jouw richting, dan kan deze hele pose wel eens zenuwachtigheid of angstige zelfbescherming aangeven.

Zelfaanraking. Let zowel bij mannen als bij vrouwen op waar hun handen naartoe bewegen terwijl ze met je praten. Zelfaanrakingen kunnen voor een toekomstige partner in spe een signaal zijn dat dit de plek is waar deze persoon door jou aangeraakt zou willen worden. Let met name op lichte, aangehouden aanrakingen van de mond, de oren, de schouders, de polsen, de borsten, de romp, de bovenbenen en knieën. Spelen met sieraden op een van deze lichaamsdelen kan een overdrachtsactiviteit zijn, met andere woorden: iets wat vrijwel dezelfde betekenis heeft. Krabt de man echter energiek aan zijn billen, vergeet dan wat ik zojuist heb gezegd.

De volgende opsomming van fallisch vertoon klinkt ongeveer even subtiel als een Benny Hill-sketch, maar je dient nu eenmaal gewaarschuwd te zijn, dus daar gaan we dan. Let bij vrouwen op gebaren waarbij lange, cilindrische voorwerpen een rol spelen, zoals zuigen op vingers, lollies, pennen of lepels. Een pen in de lengte betasten kan veelzeggend zijn, evenals friemelen aan de steel van een wijnglas, de rand aanraken, schuim van cappuccino zuigen, de yoghurt van het potdeksel likken, een ring over een vinger aan en af schuiven, langzaam een banaan eten, asperges eten zoals het hoort (met de vingers), lippenstift aanbrengen enzovoort.

Voor mannen is de lijst korter, tenzij de gebaren worden uitgevoerd van man tot man, in welk geval het grootste deel van de bovenstaande opsomming van toepassing is. Man-tot-vrouwgebaren zullen vaak minder openlijk zijn, hoewel ze eerder grenzen aan het grove dan aan het sensuele. Bij de meeste speelt een das of riem een rol. Frunniken aan manchetten of manchetknopen kan duiden op een verlangen om naakt te zijn. Spelen met kleingeld in een broekzak is misschien wel het duidelijkste gebaar, want een man kan in het openbaar geen gebaar maken dat dichter bij penisbetasting in de buurt komt. Vaak wordt dit gebaar gemaakt op stressvolle momenten, zoals tijdens een zakelijke presentatie of bij een eerste ontmoeting, dus het kan ook duiden op een verlangen van de man om zichzelf gerust te stellen. Het heeft dus niet altijd een seksuele connotatie.

Wrijven over baard, kin of neus kan bij een man een fallisch gebaar zijn. De neus van de man is een krachtig fallisch symbool en erover wrijven (zeker over het vlezige puntje) is niet zelden een teken van verlangen.

Een man zal vaak zijn voeten verder uit elkaar zetten wanneer hij voor een vrouw staat die hij aantrekkelijk vindt. Zo kan hij zijn kruis beter laten zien. Houdt hij een drankje vast, dan zal hij dat tot taillehoogte of nog lager laten zakken. Als hij met een vrouw praat, kan hij zelfs op en neer wippen op zijn tenen, wat het effect heeft van gesimuleerde bekkenstoten tijdens seks.

Gezichtsuitdrukkingen

Kijken. Wanneer we ons tot iemand aangetrokken voelen, zullen we diens gezicht goed in de gaten houden om de reactie te peilen op iets wat we hebben gezegd. Dus het gezicht van dichtbij met de ogen aftasten kan op aantrekking wijzen.

Aanhoudend kijken kan eveneens een signaal van aantrekking zijn. Kijk waar de ogen blijven rusten wanneer ze over je gezicht gaan. Is iemand geïnteresseerd, dan zal zijn of haar blik op je gezicht gericht blijven, ook nadat het oogcontact is verbroken. Gaat de blik omlaag naar de mond en weer terug naar de ogen, dan is het signaal dat de ander zich tot je aangetrokken voelt krachtiger.

Niet iedereen vindt het prettig om te worden bekeken of om anderen zelfs maar voor de eerste keer recht aan te kijken. Veel vrouwen doen alsof ze aan de blik van de man willen ontkomen door in een kinderlijk gebaar van verlegenheid weg te kijken. Vaak zal een vrouw over het algemeen juist *minder* oogcontact maken met een man die ze leuk vindt dan met andere mensen. Dat kan een flirtsignaal zijn, of een teken van de verlegenheid die ze voelt doordat ze de man aantrekkelijk vindt. (*Maar* het kan ook duiden op gebrek aan belangstelling. Wees voorzichtig met interpreteren. Voelt een vrouw zich echt tot een man aangetrokken, dan kun je ervan op aan dat haar blik *zeker* zal terugkeren naar zijn gezicht, maar dan kortstondig en een paar keer achter elkaar, waarbij de ogen telkens worden afgewend zodra de blik wordt beantwoord.)

Voelen we ons tot een onbekende aangetrokken, dan is het heel natuurlijk dat we de rest van diens lichaam willen bekijken. Helaas wordt een man die hierop wordt betrapt algauw beticht van loeren of lonken. Dus moet je het onopvallend doen, totdat er op de een of andere manier een signaal is gegeven dat de belangstelling wederzijds is, waarna je het lichaam van de ander openlijker kunt opnemen. Wees bedacht op blikken op het gezicht die overgaan in blikken op het hele lichaam, want die duiden op belangstelling.

Spiegelen. Dit kan heel goed de volgende respons zijn. Spiegelen is een teken van empathie. Ga eens na of de ander reageert op jouw veranderingen in expressie of beweging door die onbewust na te doen. Spiegelen kan zowel van veraf als van dichtbij. Het duidt op een verlangen in de smaak te vallen.

Verzachte trekken. Zien we iemand die we leuk vinden, dan verzachten al onze gelaatstrekken zich om aantrekkelijker over te komen. Scherpe lijnen verdwijnen en in de ogen verschijnt een glimlach. Mensen die zich tot een ander aangetrokken voelen, worden vaak middels deze verzachtingsprocedure vanzelf aantrekkelijk, en ook jeugdiger. Wanneer we verliefd zijn, ondergaat ons gezicht veranderingen zodra we naar het voorwerp van onze affectie kijken. Dit noemde Burt Bacharach in zijn song *the look of love.* Gaat een stel uit elkaar, dan verdwijnt die blik, en het kan later gebeuren dat de ander ons bijna onbekend voorkomt.

De onderdrukte glimlach. Wanneer iemand zich tot je aangetrokken voelt, zal die persoon zodra hij of zij je ziet breed willen glimlachen. Maar in een poging om onderkoeld te doen kan die glimlach worden onderdrukt, hoewel je nog steeds kunt merken dat hij op doorbreken staat.

Een glimlach gecombineerd met een schuin gehouden hoofd. Dit duidt erop dat een man zijn meer kinderlijke, kwetsbare kant laat zien, en graag een goedkeurende glimlach van jou zou willen hebben. Het schuin gehouden hoofd is een visuele vraag: 'Vind je me leuk?'

Knikken. Dit gebaar is overduidelijk een belangrijk onderdeel van onze niet-seksuele signalen. Let op geboeide aandacht en toegenomen knikfrequentie wanneer je iets vertelt: de ander voelt zich dan tot je aangetrokken.

Wanneer mannen of vrouwen in groepen op jacht gaan, wordt er vaak openlijker naar lichamen van anderen gekeken, wat (door de groep) wordt beschouwd als minder opdringerig en als iets luchthartigers dan wanneer iemand in zijn eentje zit te lonken. Deze onbeschaamde aantrekkingssignalen hebben meer te maken met machtsvertoon dan met hofmakerij.

Aanraken

In de eerste fases van een relatie zoeken mensen vaak excuses voor aanrakingen als voorspel op een meer actieve seksuele aanraking. Wanneer een potentiële partner een of meer van de volgende dingen doet, kun jij enige belangstellig gaan tonen.

- Hij of zij raakt bij wijze van empathisch gebaar tijdens het praten je arm aan, of tikt erop (of tikt misschien zelfs op je dij).
- Hij/zij strijkt een haarlok uit je ogen.
- Hij/zij legt een jas om je schouders en houdt je schouders vervolgens even vast.
- Hij/zij raakt je hand aan wanneer je hem/haar een vuurtje geeft.
- Hij/zij geeft je lachend een speels klapje.
- Hij/zij kietelt je.
- Hij/zij gaat zo dicht bij je zitten dat jullie benen elkaar raken.
- Hij/zij houdt je arm vast bij het oversteken van de straat.
- Hij/zij fluistert iets in je oor, zodat jullie gezichten elkaar raken.

Van sociaal tot seksueel

Wanneer we ons in de eerste fase van een relatie bevinden, letten we scherp op alle blikken en gebaren, en zijn we er alert op welke gebaren 'sociaal' en welke alleen maar 'seksueel' genoemd kunnen worden.

In het 'sociale' stadium hebben we nog de kans om ons desgewenst terug te trekken. Gaan we eenmaal over tot seksuele gebaren, dan maken we gebruik van aanrakingen die niet als iets anders kunnen worden opgevat. Hand vasthouden, omhelzen, gezichtsaanrakingen en zelfs bepaalde vormen van kussen (tongzoenen niet, natuurlijk) kunnen allemaal nog tot de categorie 'sociaal' worden gerekend. Het eerste aanraakgebaar dat de grens overschrijdt is aanraken van het lichaam.

Soms kom je iemand tegen in een formele situatie, zoals op het werk, en duren de hofmakerijrituelen weken, maanden of zelfs jaren (zeker als een van beide partners getrouwd is). Of je ontmoet iemand in een sociale situatie en hebt het hele ritueel in een uur of minder doorlopen: van een groet tot versieren in de weinige tijd die je nodig hebt om op de wc van het vliegtuig te komen.

Het traject compleet doorlopen met gebruikmaking van alle aardigheden die je onderweg maar kunt tegenkomen, zoals flirten en sociale aanrakingen, is zeldzaam. De snelheid waarmee je te werk gaat zal worden gedicteerd door je eigen voorkeuren en door de signalen die je van de ander krijgt.

Barrières

Wanneer we een prettige relatie met iemand hebben, neemt het aantal zelfopgeworpen barrières af. Nadat er seks is bedreven en wanneer de aantrekkingskracht en het verlangen naar meer van twee kanten komen, zullen er vrijwel geen barrières tussen twee partners bestaan. Alle over elkaar geslagen armen, mondbedekkingen en gekruiste benen verdwijnen, en maken plaats voor een wens om aan te raken, te knuffelen en te kijken.

Dergelijke barrières verschijnen in een relatie alleen opnieuw wanneer een of beide partners het verlangen naar seks met de ander ofwel tijdelijk, ofwel definitief verliezen. Ze kunnen een praktisch doel dienen: het stel werkt misschien samen en heeft de barrières nodig om zich gepast te kunnen gedragen tot ze weer alleen zijn.

In de vroege fases kunnen barrières een signaal van aantrekkingskracht of van gebrek aan belangstelling zijn, en zodoende worden de boodschappen vaak verward. We maken van veel lichaamsomvattende barrières gebruik om onszelf gerust te stellen wanneer we ons niet op ons gemak of zenuwachtig voelen, wat algauw gebeurt wanneer we ons in het gezelschap bevinden van iemand tot wie we ons aangetrokken voelen. Wees alert op 'leksignalen' die met ogenschijnlijke barrières samengaan en probeer de werkelijke betekenis achter de oppervlakkige afwijzing te achterhalen. Maar, weet ook wanneer je moet stoppen. Krijg je een duidelijk teken van gebrek aan belangstelling, maak je dan uit de voeten, dring je niet op en val de ander niet langer lastig.

Ik noem enkele veelvoorkomende barrièregebaren.

Benen. Zitten met over elkaar geslagen benen is een comfortabele en veel voorkomende houding voor vrouwen. Maar is het bovenste been van je weggedraaid, dan zou dit kunnen duiden op gebrek aan belangstelling.

Kruist een man zijn benen, wees dan voorzichtiger. Voor mannen is een houding met licht gespreide benen natuurlijker. Slaat de man zijn benen over elkaar, dan kan dat een welbewuste barrière zijn.

De houding waarbij het ene been over het andere wordt geslagen en de kuit van het bovenste been op het andere bovenbeen rust, is in de meeste gevallen een barrière om iemand van zich weg te duwen, zeker als het bovenste been met de handen wordt omvat.

Zitten op één been is een houding die aangeeft dat de persoon in kwestie luistert of zich concentreert. Deze halve lotushouding is geen openlijk seksueel gebaar, maar wijst eerder op intellectuele dan op seksuele concentratie.

Beide benen gevouwen onder de romp is een jeugdig, spontaan gebaar waarbij het kruis aandacht krijgt, zeker als de handen op de knieën liggen. Het is echter eerder een signaal van afstandelijkheid dan een uitnodiging om aan te raken. Het lichaam is immers eerder van de tegenoverzittende persoon af gewend dan dat het naar die persoon toe reikt.

De benen kruisen in staande houding is een lastig gebaar dat veel voorkomt tijdens versierpogingen. Oppervlakkig gezien duidt het op een soort schroomvalligheid; degene met wie je in gesprek bent lijkt zichzelf fysiek gezien onstabieler te maken, of mogelijk kleiner. Op een dieper niveau lijkt het kruisen van de benen te impliceren dat seksuele toegang je wordt ontzegd – althans voorlopig.

Knieën. De knieën omvatten terwijl die zijn opgetrokken tegen de borst is een vrijwel complete barrière, en dit geeft aan dat de persoon in kwestie meer behoefte heeft aan liefde dan aan seks. De onderbenen dekken vrijwel het hele lichaam af.

Armen. Over elkaar geslagen armen zijn de klassieke barrière, maar duiden niet altijd op een verlangen om bij jou uit de buurt te blijven. Worden de armen op taillehoogte over elkaar geslagen, dan geeft een vrouw daarmee aan dat jij in haar verlangen om zichzelf te troosten een rol kunt spelen. De borsten blijven zichtbaar. Deze vrouw voelt zich wellicht niet prettig en wil dat je haar helpt, dus wees erop bedacht dat je misschien niet verder met haar komt als ze je niet eerst uitgebreid heeft kunnen vertellen over, bijvoorbeeld, een misgelopen vorige relatie.

Zijn de armen op borsthoogte over elkaar geslagen, dan is de horde moeilijker te nemen. Een gebaar dat de kant op gaat van lichaamsomvatting dient ter zelfbescherming. Wanneer de armen nog hoger en in vierkante vorm over elkaar worden geslagen, kan het gebaar zelfs agressief zijn. Bij een man kan dit gebaar echter deel uitmaken van uitsloverig versiergedrag. Is de ene hand vrij en raakt die de kin aan, dan is de persoon in kwestie wellicht graag bereid om te luisteren. Een hand die friemelt met een halsketting duidt echter op sterkere negatieve signalen; hiermee wordt aangegeven dat de persoon in kwestie zich achter de barrière niet op zijn gemak of bedreigd voelt.

Over elkaar geslagen armen in combinatie met gespreide benen is een pose die normaal gesproken alleen wordt aangenomen door mannen of haaibaaien. Technisch gesproken is er seksuele toegang, maar de gevouwen armen geven aan: 'Heb het hart niet!' Deze pose is agressief en is favoriet bij uitsmijters van nachtclubs. Er zou je wel eens een ruig avondje te wachten kunnen staan, dus wees gewaarschuwd!

Gevouwen armen *en* benen kunnen als een waarschuwingssignaal worden opgevat. Iemand die zo'n gebaar maakt, staat helemaal niet voor jou open. Gaan de armen niet van elkaar wanneer je een praatje maakt, dan kun je rustig zeggen dat je geen succes hebt gehad.

De stropdas rechttrekken, de riem van een schoudertas grijpen en een excuus vinden om een of beide armen tijdens een gesprekje omhoog te brengen zijn allemaal manieren om een troostbarrière te creëren. Doet de ander dit terwijl jij naderbij komt of wanneer je aan het woord bent, houd er dan rekening mee dat hij/zij zich niet op zijn/haar gemak voelt. De oorzaak kan verlegenheid zijn, maar wees ook bedacht op negativiteit.

De 'strafschopstand', ook wel bekend als de 'vijgenbladpose', heeft een overduidelijke barrièrefunctie die niet nader hoeft te worden verklaard. Alleen mannen maken dit gebaar: ze staan met de handen gekromd voor hun geslachtsdelen. Dat gebeurt zelden wanneer er vrouwen in de buurt zijn, maar gebeurt het toch, dan kun je daaruit opmaken dat de man die dit gebaar maakt erg bang voor je is. Hij is bang dat je hem wel eens zou kunnen castreren. Mannen nemen deze pose meestal aan wanneer ze tegen een groep praten, zoals bij een zakelijke presentatie, maar als sociaal statement is het gebaar niet onbekend.

Vingers. De vingertoppen tegen elkaar plaatsen is een kleine, maar relatief ernstige barrière. Sta je aan de ontvangende kant van dit gebaar, waarbij de handen met de vingertoppen tegen elkaar zijn geplaatst en de vingers naar boven wijzen, dan kun je ervan uitgaan dat een pedant figuur je aandachtig opneemt. Wijzen de vingers naar jou toe, dan fungeren ze als een figuurlijk wapen. Wanneer de vingers helemaal tegen elkaar liggen, als in een bidhouding, dan is de pose ontspannener en minder defensief, maar is de ander nog steeds bezig zich een beeld van je te vormen.

Mond. Barrières waarbij de mond wordt bedekt duiden vaak op gebrek aan seksuele belangstelling. De mond is een van de belangrijkste visuele zones tijdens alle fasen van het aantrekkingsspel, dus deze barrière mag nooit worden genegeerd.

De ogen. Wordt enerzijds door een toegenomen intensiteit van de blik aangegeven dat er sprake is van aantrekkingskracht, dan geldt anderzijds dat gebrek aan belangstelling wordt aangegeven door gebrek aan oogcontact of opzettelijk wegkijken. Verlegenheid kan ook een oorzaak zijn van dit symptoom, maar ga er nooit van uit dat dit de enig mogelijke verklaring is. Als je aan de ontvangende kant staat van negatief oogcontact met iemand die jij wel leuk vindt, kan dat tot gevolg hebben dat je je gaat uitsloven om haar of zijn aandacht te trekken door de frequentie van je eigen oogcontact dusdanig op te voeren dat het uitloopt op ongegeneerd staren. Dat heeft op zijn beurt het effect dat de ander nog vaker zal wegkijken.

Drankjes. Let op de choreografie van het glas. Wordt het geheven wanneer je naderbij komt of aan het woord bent, en op borsthoogte of hoger gehouden, dan wordt het ingezet als een barrière om jou te weren. Zakt het glas niet na een paar minuten, geef het dan op. (Tenzij de vrouw actief en suggestief

haar vingertop over de rand laat gaan, zoals al eerder besproken.) Wordt het glas lager vastgehouden, maar wel met twee
handen, dan is er nog steeds iets van een barrière aanwezig.
Je kunt alleen maar hopen dat één hand zich na een poosje
van het glas zal losmaken. Begint deze houding vrij open, maar
gaat het glas terwijl jij aan het woord bent omhoog, ga dan op
zoek naar de dichtstbijzijnde uitgang.

Voorwerpen. De werkplek voorziet in een heleboel voorwerpen die als lichaamsbarrière kunnen fungeren, zoals mappen,
boeken, paperassen en dergelijke. Veel vrouwen lopen rond
met permanent een stapel papieren tegen hun borst gedrukt.
Dat kan wijzen op gebrek aan zelfvertrouwen of zelfrespect,
maar het is daarnaast ook niet bepaald uitnodigend.

Algemener gesteld zullen mensen soms muren optrekken
met behulp van voorwerpen. Ze gaan achter stoelen of tafels
staan, zetten een rij glazen of borden tussen zichzelf en de
ander in, of vullen de tussenruimte met een handtas of kussen.
Kijk naar de ruimte tussen jou en degene op wie je een oogje
hebt, en naar wat die ruimte vult. Staan er voorwerpen tussen
jullie in, wie heeft die daar dan neergezet? Soms zie je dat de
ander nog meer rekwisieten aansleept, of ze herschikt tijdens
jullie gesprek.

Brillen. Aan gekleurde glazen heb ik altijd een verschrik-
kelijke hekel. Door voor een bril met getint glas te kiezen, heeft
deze persoon besloten op een listige manier afstand te bewaren
tot de rest van de wereld. Wil je contact met iemand krijgen,
dan moet je de boodschappen kunnen interpreteren die diegene met zijn blik uitzendt. Zelfs lichte glastinten werpen al
een grote barrière op. (Dat hoef je niet persoonlijk op te vatten,
want dat vreselijke hulpstuk droeg die ander al voordat jij ten
tonele verscheen.)

Met zonnebrillen is het een ander verhaal. Die kunnen
worden op- of afgezet al naargelang de stemming. Ze vormen
een zeer sterke barrière voor iedereen die de drager benadert,

maar de boodschappen kunnen subtieler en ingewikkelder zijn dan je misschien op het eerste gezicht denkt, want zo'n bril is niet per se een signaal dat jij de boom in kunt. Veel vrouwen gebruiken zonnebrillen op dezelfde manier als ze enkele eeuwen geleden waaiers gebruikten, namelijk om te verhullen dat ze naar jou kijken, hetgeen in de meeste gevallen een zeker teken is dat ze je aantrekkelijk vinden.

Word je opgenomen door een kleurloze bril, dan kun je er alleen maar van uitgaan dat de man of vrouw in kwestie slecht ziet. Maar als je je aan de ontvangende kant bevindt van de routine 'turen over de rand van de bril', kon de boodschap wel eens negatief zijn. Het feit dat deze persoon zijn of haar leesbril ophoudt terwijl hij/zij naar jou kijkt of luistert, doet vermoeden dat de tijd die hij/zij beschikbaar heeft om belangstelling voor je te tonen beperkt is.

Open lichaamstaal

Open gebaren worden vaak beschouwd als een teken van eerlijkheid en van een verlangen naar communicatie, en vaak zijn ze dat ook. Als degene die je hebt benaderd de sociaal voorgeschreven afstand in acht neemt, open gebaren maakt, met af en toe een empathische handbeweging, dan kun je ervan uitgaan dat hij of zij graag een praatje met je maakt. Een 'comfortabele' mate van oogcontact duidt eveneens op oranje tot groen licht. Een ander teken van goedkeuring is de aloude favoriet: de glimlach.

Glimlachen is een niet-aanvalsgebaar. Wanneer we een vreemde tegenkomen, voelen we onder normale omstandigheden opluchting zodra die naar ons glimlacht. Komt de glimlach oprecht over, dan gaan we ervan uit dat we geen gevaar lopen. Maar is de glimlach strak en onecht, dan zijn we nog steeds op onze hoede. Dieren hebben de neiging hun tanden te ontbloten voor ze tot een aanval overgaan, en jouw receptoren kunnen je ook waarschuwen voor dreigend gevaar.

Door je mond in een glimlach te openen, onthul je een heel kwetsbaar deel van je anatomie, wat de reden is waarom iemand die glimlacht vaak een glimlach terugverwacht. In zekere zin is de glimlach een wederzijds vredesteken. Naarmate het gesprek vordert, wordt de glimlach gebruikt om goedkeuring en empathie over te brengen. Wil je nagaan hoe aantrekkelijk de ander je vindt, let dan goed op de mate waarin die glimlacht. Vraag je het volgende af:

- Is de glimlach congruent of is hij onecht?
- Wordt er op de juiste momenten in het gesprek geglimlacht of is de glimlach alleen een beleefd gebaar?
- Is de frequentie van de glimlach toegenomen sinds het gesprek is begonnen?
- Kijkt deze persoon je eerst in de ogen voor hij/zij glimlacht? (Zo ja, dan kun je voorzichtig aan ondertrouw gaan denken.)

Komt de lichaamstaal van de ander open op je over, wees dan toch terughoudend en ga eerst na hoe de zaken zijn gesteld. Vooral mannen maken er een gewoonte van om achterover te leunen met hun benen gespreid en een hand achter hun hoofd. Deze houding kan er echter op duiden dat ze te relaxed zijn. Hetzelfde geldt voor een open uitziende hanghouding in een stoel. Wanneer een man een vrouw aantrekkelijk vindt, zou je toch wat meer verzorgende gebaren verwachten, met een positieve wijziging van houding. Van een man die achteroverhangt kun je aannemen dat hij ofwel niet bereid is om zijn best te doen, ofwel dat hij verwacht dat de vrouw al het werk doet, en dat doet arrogantie vermoeden.

Signalen die responsen uitlokken

Er kan tijdens een interactie een moment komen waarop je behoefte krijgt aan een beetje extra motivatie, ofwel om op dezelfde koers te blijven, ofwel om verder te gaan. Dan wordt het tijd om te proberen responsen uit te lokken. Dit is net zoiets als een natte vinger in de lucht steken om te kijken uit welke hoek de wind waait. Je kunt het volgende doen.

- Ga wat zachter praten. Als de ander iets in je ziet, zal hij of zij die gelegenheid aangrijpen om wat dichter naar je toe te komen om je beter te kunnen verstaan. Komt de ander niet van zijn plek en zegt die alleen 'Wat zeg je?', dan is dat reden tot zorg. Komt de ander niet in beweging, maar doet hij/zij alsof je niet goed te verstaan bent, dan is het niet best gesteld.

- Doe alsof je niet kunt verstaan wat de ander zegt. In een lawaaiig vertrek krijgt hij of zij daarmee een ideale mogelijkheid aangereikt om zich dichter naar je toe te buigen en vlak bij je oor te praten. Hij/zij kan je daarbij zelfs aanraken. Gaat de ander alleen maar harder praten, geef het dan op.

- Vraag om een vuurtje. Erg Bette Davis, en je gezondheid wordt er niet beter op, maar wanneer de ander je sigaret aansteekt, geeft dat hem/haar de kans je hand even aan te raken. Worden je alleen de lucifers toegeworpen, dan heb je een rode kaart.

- Vraag of je het drankje of hapje van de ander mag proeven. Kijkt die terwijl je dat doet toe, dan wil hij/zij waarschijnlijk de kans te baat nemen om je met open mond en iets erin te zien. Kijkt de ander weg terwijl jij eet of drinkt, dan kun je ervan uitgaan dat die geen belangstelling heeft. (Ik weet zeker dat ik je niet hoef te zeggen dat je dit alleen bij iemand moet doen aan wie je al bent voorgesteld. Stel een dergelijke vraag nooit aan een vreemde.)

- Zet je glas op de tafel of bar en let op waar de ander zijn of haar eigen glas zet. Komt het naast het jouwe te staan, dan zit hier muziek in.
- Laat een kruimeltje op je gezicht zitten en let op of de ander het wegveegt.
- Zelfde laken een pak: laat een haarlok voor je gezicht vallen.
- Las een korte stilte in, lach dan luid en ga na of de ander ook lacht.
- Ga naar de wc en kijk om het hoekje van de deur om te zien of de ander blijft kijken tot je terugkomt of zelfverzorgende gebaren maakt nu jij even weg bent.

En verder bestaat er nog altijd de antiflirttechniek, waarbij je even stopt met flirten, je hoofd buigt, stopt met glimlachen of wegkijkt (zie het hoofdstuk over hoe je jezelf begeerlijk kunt maken). Is hij/zij niet geïnteresseerd, dan zal dit geen reactie uitlokken; misschien kijkt de ander ook wel weg of valt hij/zij stil. Maar ziet hij/zij je wel zitten, dan kun je signalen verwachten die jou ertoe moeten aanzetten door te gaan met je aardigheden. Misschien begint de ander wel met je te flirten in de hoop een meer positieve respons op te wekken.

Groetsignalen

We worden geleidelijk aan steeds minder formeel in onze manier van groeten, hoewel we nog lang niet toe zijn aan de Amerikaanse manier. Toch wordt er tijdens dit sleutelmoment in de kennismaking bewust en onbewust veel informatie gelekt.

Zoals gebruikelijk is een groot deel van de impact om zeep geholpen door op het zakenleven gebaseerde technieken en training, die de grenzen tussen echt en onecht hebben doen vervagen. Verkopers wordt vaak geleerd gebruik te maken van handdrukken en andere begroetingen moeten impliceren dat er meteen van vriendschap sprake is, terwijl mensen in meer theatrale beroepen volslagen vreemden in zo'n warme omhelzing nemen dat een grizzlybeer er nog van zou gaan blozen.

Kun je de mate waarin een ander zich tot je aangegetrokken voelt afmeten aan de manier waarop je wordt begroet? Vaak wel. We maken wanneer we anderen begroeten allemaal gebruik van kleine onwillekeurige signalen die betrekking hebben op potentiële verschillen in relaties.

Groeten zonder aanraken

Dit hoeft niet te wijzen op gebrek aan belangstelling. Een handdruk is een formeel groetgebaar en wordt in sociale situaties meestal niet gebruikt, zeker niet onder jongeren en dronkaards. Word je voor het eerst aan iemand voorgesteld, let dan op dit eerste klassieke teken van belangstelling: de aangehouden blik. Wanneer er belangstelling is, zouden jullie elkaar op dit moment even in de ogen moeten kijken.

Schud iemand iedereen de hand behalve jou, als enige vrouw, raak dan niet in paniek. Veel mannen weten nog steeds niet goed of ze een vrouw nou wel of niet een hand moeten geven. Of de aarzeling is te wijten aan verlegenheid. Ik twijfel er sterk aan of jij inderdaad te weerzinwekkend bent om aan te raken.

De handdruk

Voelt iemand zich tot je aangetrokken, dan zul je bij het voorstellen weinig meer krijgen dan een formele handdruk, hoewel die dan vergezeld gaat van een betekenisvolle blik. Ken je de ander vrij goed, maar komt het tussen jullie nog steeds niet verder dan de handdrukfase, en vindt de begroeting niet in een kantooromgeving plaats, dan kun je ervan uitgaan dat je op een armlengte afstand wordt gehouden.

Gaat de handdruk vergezeld van extraatjes in de trant van 'Hé, wij zijn vrienden', zoals de sandwichgreep (jouw hand tussen mijn twee handen), of het omvatten van de arm of elleboog, zoek daar dan niet meteen van alles achter. Deze methoden duiden in Amerika op een intiemere relatie, maar bij ons kunnen ze een teken zijn van onoprechte hartelijkheid.

Een van de beste voorbeelden van een 'lekkende' handdruk die we ons allemaal nog goed kunnen heugen was het beroemde shot van prinses Diana die James Hewitt de hand schudde terwijl ze hem een polobeker overhandigde. Terwijl hij zich iets naar voren boog en haar recht aankeek, keek zij giechelend weg. Schud je iemand de hand die op zo'n manier lachend wegkijkt, ga er dan van uit dat die persoon wel iets in je ziet.

De kus op de wang

Wordt de wangkus een luchtkus, en worden de schouders vastgepakt om afstand te houden, zoek daar dan niets achter. Als de wangen elkaar raken, dient er een vonkje over te springen, omdat aanrakingen van wang-tegen-wang of hoofd-tegen-hoofd zeer intiem zijn. Raken de lichamen elkaar aan en strijken haar lippen langs zijn wang, dan is de hele zaak een stuk intiemer.

Let op eventuele ontkenningsgebaren na de kus. Die maken we wanneer we naderhand een gebaar willen afzwakken. Op een kus op de wang kan een klopje volgen – dat duidt op afwijzing na de kus – of een snel wegdraaien.

De omhelzing

Hetzelfde geldt voor de omhelzing. Is die niet-seksueel, dan zal het onderlichaam zorgvuldig naar achteren worden gehouden. Wanneer de lichamen elkaar over de hele lengte raken, kun je ervan uitgaan dat de intimiteit opzettelijk is. Maar het ontkenningsgebaar bestaat hier uit druk op de rug kloppen: een agressief signaal dat bedoeld is om enige suggestie van intimiteit teniet te doen.

Wanneer iemand je leuk vindt, zal die persoon bij wat voor soort begroeting dan ook zich naar je toe bewegen. Wees bedacht op 'geheime' signalen. Bij een omhelzing of kus op de wang kan dat een extra kneepje zijn, meestal in de arm of de schouder. Krijg je zo'n kneepje als extraatje bij een formele handdruk, dan heb je wellicht zojuist ofwel een vrijmetselaar, ofwel een wellusteling ontmoet.

Verveling

Wees alert op de volgende signalen, die erop kunnen wijzen dat degene tegen wie je praat zich verveelt.

- De ander denkt te lang na voor hij/zij iets zegt.
- Diens lach komt onecht over. De glimlach bereikt de ogen niet en is niet-symmetrisch of 'uitgerekt'.
- De lachrespons is elke keer hetzelfde en lijkt gerepeteerd. Aan een echte lach doen de ogen, de hals en het middenrif mee.
- De ander werpt steeds blikken over jouw schouder.
- Hij/zij kijkt op zijn/haar horloge.
- De ander begroet andere mensen in het vertrek, of draait zijn/haar bovenlichaam van jou weg om beter zicht op de kamer te hebben.
- Er wordt diep ademgehaald.
- Er worden geeuwen onderdrukt.
- De ander neemt een in elkaar gezakte houding aan.
- Hij/zij zet een uitdrukkingsloos gezicht, of reageert te traag op wat je zegt.
- Hij/zij knikt snel, wat duidt op een wens om je te onderbreken.
- Er wordt steeds sneller met een voet of vinger getikt.
- De ander schuifelt heen en weer.
- Zijn/haar reacties zijn overtrokken.

Zoals ik in dit boek al vaker heb gezegd, is lichaamstaal geen exacte wetenschap. Wanneer je de inkomende signalen deco-deert, ga er dan niet zonder meer van uit dat je wel tussen de regels door kunt lezen. Visuele signalen stellen ons in staat een aardige inschatting te maken van wat een ander diep vanbin-nen voelt, maar je kunt er ook helemaal naast zitten. Merk je geen enkele van de hierboven genoemde aantrekkingsindica-toren op, dan kun je ervan uitgaan dat er hier voor jou niet veel te halen valt. En merk je er wel een of meer op, dan mag je ze nooit anders interpreteren dan als oranje in plaats van groen licht.

11 Empathie en wederzijds begrip

Het voert een beetje te ver om te zeggen dat mensen qua gedrag onder te verdelen zijn in bepaalde types. De meeste mensen zitten veel te ingewikkeld in elkaar om in een hokje te passen, en het kan riskant zijn om dat toch te proberen. Wanneer we anderen etiketten opplakken, maken we ons schuldig aan type-casten. Daarom zijn er zoveel kanttekeningen te maken bij de werkwijze die de meeste datingbureaus erop na houden. Heb je eenmaal 'ja' of 'nee' geantwoord op hun vele vragen, dan zijn daarmee alternatieve mogelijkheden voor je afgesloten. Maar in werkelijkheid varieert ons 'type' bij elke nieuwe interactie.

De vaardigheid om het soort empathie en wederzijdse begrip te creëren waarmee je je kansen om een succesvolle relatie te krijgen en in stand te houden vergroot, is afhanke-lijk van je vermogen om qua gedrag een match te vormen. Wil deze match effectief zijn, dan dien jij je flexibel op te stellen. Vergeet niet: mensen zitten ingewikkeld in elkaar. Een groot deel van onze gedragingen bestaat uit responsen op gedrag van anderen, wat de reden is waarom je iedereen die je tegenkomt zonder kritiek zou moeten accepteren. Wanneer iemand je een ander beschrijft in termen van 'gedragstype', beschrijft die in feite alleen het gedrag dat zijn of haar eigen gedrag bij diegene heeft opgeroepen.

Wil jouw gedrag iemand anders aanspreken, dan moet het zijn of haar eigen gedrag aanvullen. Denk maar aan de theo-rie over gedrag dat wordt beloond. De acties van de ander zijn bedoeld om een bepaalde respons op te roepen. Krijgt de ander wat hij of zij wil, dan is de transactie complementair geweest.

Maar, zoals iedereen die kinderen heeft je kan vertellen, dat-gene waar je op uit bent is niet altijd hetzelfde als wat je *wilt*. Een ondeugend, veeleisend kind kan blij lijken als het zijn zin krijgt, maar winst op korte termijn kan op lange termijn verlies betekenen: als de ouder te makkelijk toegeeft, kan het kind zich onveilig gaan voelen omdat sturing van de ouder ontbreekt.

Binnen relaties kan de ene partner een dominante karak-tertrek tonen terwijl de ander zich passiever opstelt; ze zijn dan complementair aan elkaar. Agressief of kritisch gedrag zoekt in de regel naar onderworpen responsen, zodat er een comple-mentaire transactie ontstaat. Maar aan deze combinatie kun-nen in de werkelijkheid nogal wat haken en ogen zitten, in die zin dat het misschien niet precies is wat beide partners *willen*. Ik heb mannen meegemaakt die vrouwen hadden die zich als een voetveeg opstelden en die bij die vrouwen zijn weggegaan om iemand te zoeken die assertiever was.

Wil er een geslaagd contact ontstaan, dan zul je dus gebruik moeten maken van wat boksers de *duck and dive*-routine noe-men (wat zoiets is als meebewegen met je tegenstander). Bezie het gedrag van je partner zonder bevooroordeeld te zijn. Houd jezelf voor dat jij ook aan de beurt komt om je eigen behoef-ten te vervullen. Contact leggen door je gedrag bij een eerste ontmoeting aan te passen is één ding, maar een leven lang je best doen om een ideale match voor een ander te zijn is andere koek. Voor succes op korte termijn dien je wel te voorzien in een korte reeks complementaire transacties, maar als de relatie langer duurt heb je vele acceptabele 'gedrag-beloontechnieken' nodig, waarbij jullie allebei aan de beurt komen voor een belo-ning, ook al zijn jullie niet altijd echt compatibel. Dit geven-en-nemen is belangrijk voor het welslagen van een duurzame relatie. Gebeurt het niet, dan loopt het met de dubbele tech-niek voortdurend fout, of is de ene partner permanent onder-worpen aan de ander, wat tot wrok leidt.

Praktische tips

Voor direct contact bij informele ontmoetingen kun je gebruikmaken van de spiegeltechniek die ik al eerder ter sprake heb
gebracht, waarbij je op subtiele wijze de lichaamstaalsignalen
van de ander overneemt. In langer durende contacten of part-
nerrelaties zul je echter dieper in je buidel met psychologische
trucs moeten tasten.

Wat de verbale stijl van de ander ook is, het is de moeite
waard om opmerkzaam te zijn op diens lichamelijke presentatie en gedrag. Gebaren, houding en gezichtsuitdrukkingen
geven je aanwijzingen voor het gedrag waaraan hij of zij de
voorkeur geeft. Heb je eenmaal een beeld van welk gedrag
dat is, dan kun je ertoe overgaan je eigen lichaamstaalgedrag
zodanig aan te passen dat het complementair is aan dat van de
ander. Of – en je vindt het vast niet leuk dat ik je op dit punt
nog verder in de war breng, maar ik heb immers nooit gezegd
dat het makkelijk zou zijn – je zet je schrap en probeert het
gedrag van de ander middels je eigen stijl van signalen geven te
veranderen.

Stel je bijvoorbeeld voor dat je zojuist iemand bent tegen-
gekomen die signalen geeft van dominant gedrag. Vind je deze
persoon leuk, dan staan er diverse mogelijkheden voor je open.
Ten eerste kun je een complementaire transactie ondernemen,
ofwel voor de korte, ofwel voor de lange termijn. Dat houdt
in dat je deze persoon de respons geeft waar hij of zij op uit
is, namelijk een passieve. Dat kan een conflictloze relatie tot
gevolg hebben, *tenzij* je er genoeg van krijgt om deurmat te
spelen. Wil je graag je leven lang onder de plak zitten bij je
echtgenoot of echtgenote, ga dan vooral je gang. (Veel mensen
doen dit en het kan goed uitpakken.)

Of je kunt besluiten het tegenovergestelde te doen, en dan
maar hopen dat de ander zijn/haar gedragsstijl dienovereenkomstig aanpast. Dit zou inhouden dat je reageert op de

dominante prikkel door je eigen dominante gedrag ten beste te geven. Vanzelfsprekend is dat risicovoller, maar niemand had je immers beloofd dat het pad naar ware liefde zonder hindernissen zou zijn. Is de ander een type die heeft gewacht tot een sterker persoon zijn of haar pad zou kruisen, dan kun je hiermee succes hebben. Zo niet, dan botst het meteen al vanaf het begin tussen jullie en zal het waarschijnlijk niet eens tot een eerste date komen.

Je kunt er ook voor kiezen je in de beginfase complementair op te stellen en vervolgens geleidelijk aan een heel wat assertievere stijl aan te nemen. Je potentiële partner zal kiezen voor vechten, vluchten of zich overgeven.

Je denkt nu misschien: maar is het niet beter om gewoon mezelf te zijn? Niemand kan echter zichzelf zijn voordat hij precies weet wat dat zelf inhoudt. Het enige 'zelf' dat je op dit moment kent is datgene wat er van je over is wanneer je totaal niet bereid bent om je voor een ander in te spannen. Er is niets mis met tactiek.

Soms zul je dit spel je leven lang moeten spelen, maar het kan ook iets zijn wat je al naargelang je stemming of de omstandigheden aan- of uitzet. In beide gevallen zul je eerst de signalen van je partner moeten interpreteren voordat je besluit hoe je dit gaat aanpakken.

Ik zal een voorbeeld geven. Een collega van me trouwde met een man die zich voordeed als een geharde zakenman. Tegen de tijd dat hij thuiskwam wilde hij helemaal geen 'harde man' meer zijn en vertoonde hij kinderlijk gedrag, zoals eten wegpikken terwijl zij stond te koken, of andere geintjes en streken. (Als je hier onpasselijk van wordt, dan moet ik erbij zeggen dat het werkte, want hij deed het echt heel leuk.) Mijn vriendin besloot tot complementair gedrag over te gaan; ze stelde zich op als een moeder en behandelde hem als een kind. Het leek te werken en ze zijn zover ik weet nog steeds gelukkig samen. Mijn vriendin voert de rol niet tot het uiterste door, maar hij is er tevreden mee, en wanneer zijzelf een ouder nodig heeft, is hij dat voor haar. Maar voor gasten is het minder prettig om een volwassen man de keukenkastjes te zien afstruinen om te kijken waar de 'koekies' zijn verstopt; die hebben acuut een teiltje nodig. Desondanks zijn deze twee in een heleboel andere opzichten een leuk stel.

Zinkt bij dit soort langetermijnprojecten de moed je in de schoenen, richt je dan op het wijzigen van kortetermijnresponsen om het beste uit een relatie te halen, van eerste ontmoeting tot laatste wil en testament. Je kunt deze methode gebruiken als een truc om iemand naar je toe te trekken, of als onderdeel van je pogingen om een duurzamere relatie te laten slagen.

Wanneer je oog hebt voor de wisselende stemmingen van je partner en je responsen dienovereenkomstig aanpast, kan dat voor een aantrekkelijke symmetrie in een relatie zorgen. Bestudeer de onderstaande clusters lichaamstaalgedrag en maak uit de signalen die je worden toegezonden op als wat voor type je potentiële partner zich presenteert.

Dominante man
- Richt zich in zijn volle lengte op.
- Houdt het hoofd hoog.
- Maakt bij vlagen intens oogcontact met de ogen volledig geopend, afgewisseld met de kamer door kijken naar andere mensen.
- Laat terwijl jij aan het woord bent zijn ogen van jouw ogen naar andere delen van je gezicht gaan, alsof hij wordt afgeleid.
- Bevindt zich dicht bij je.
- Is geneigd zijn handen in zijn zij te zetten of andere gebaren te maken waardoor hij zijn lichaam volume kan geven.
- Zet zijn voeten wijd uiteen.
- Maakt gebruik van weidse bewegingen of gebaren die de neiging hebben jou te omvatten.

- Wiegt heen en weer op tenen.
- Gaat voor je staan.
- Lacht wanneer jij aan het woord bent, ook al probeer je niet grappig te zijn.
- Houdt zich aan de traditionele etiquette, zoals deuren voor je openhouden en jou in je jas helpen.
- Verplaatst dingen die van jou zijn. Pakt bijvoorbeeld je tas op van de grond en zet die op een stoel.
- Legt wanneer hij zit zijn handen op zijn bovenbenen, met de duimen tegen de buitenkant van het been en de ellebogen geheven.
- Zit met wijd gespreide benen, met de voeten naar opzij.
- Houdt zijn ene hand in zijn zij en wrijft met de andere over zijn kin.
- Slaat zijn armen vrij hoog voor de borst over elkaar.
- Houdt zijn hoofd schuin met één wenkbrauw opgetrokken.
- Zet een hoge borst op.
- Zijn hand ligt bij handje-vasthouden bovenop.
- Loopt voor je heen en weer.
- Slaat onder het lopen zijn arm om je schouders.

Binnen een seksueel kader is de dominante man vaak geneigd zichzelf aan te raken of zichzelf te tonen, met name dan de kruisstreek, bijvoorbeeld door achterover te gaan zitten met zijn benen wijd. Hij kan je aanraken op lichaamsdelen die bij seks betrokken zijn en je bijvoorbeeld klopjes op je dijen geven of je omhelzen. Hij zal ofwel fysiek het initiatief nemen, ofwel dat nalaten en verbaal veeleisend zijn.

Onderworpen vrouw
- Houdt haar kin omlaag.
- Oogcontact is ontwijkend.
- Glimlacht overmatig.

- Knikt overmatig.
- Buigt zich naar je toe om elk woord op te vangen.
- Geeft signalen van zelfcontrole: duwtjes tegen kapsel, recht-trekken van kleding enzovoort.
- Laat een snel, nerveus lachje horen wanneer ze zelf iets heeft gezegd, waarbij ze oogcontact houdt en jou aanmoe-digt om te glimlachen.
- Trekt wenkbrauwen op.
- Glimlacht zonder haar tanden te laten zien.
- Onderdrukt haar glimlach en laat haar hoofd zakken.
- Spiegelt op een incongruente manier.
- Maakt gebaren met de handpalm omhoog.
- Gaat over tot 'performance-praten': maakt tijdens het pra-ten gebruik van gezichtsuitdrukkingen en gebaren, maar stopt daar snel weer mee zodra ze is uitgepraat.
- Maakt gebaren met de handen op schouderhoogte of hoger.
- Omvat zichzelf met de armen.
- Maakt gebruik van 'controleaanrakingen' die volgen op oogbewegingen; jij kijkt bijvoorbeeld naar haar neus en even later raakt ze die aan.

Een onderworpen vrouw neemt in de regel niet het initiatief tot seks. In haar responsen maakt ze gebruik van nerveuze, bedeesde signalen, maar ze onderwerpt zich snel en stilletjes.

Dominante vrouw

- Kan oogcontact lang volhouden, waarbij de blik zich amper verzacht.
- Maakt weinig tot geen gebruik van spiegelen; alle gebaren en gezichtsuitdrukkingen worden aangestuurd door eigen emoties.
- Presenteert zich met vierkante schouders en een rechte hals.

- Duwt haar borsten naar voren, naar je toe.
- Houdt benen recht bij het staan; staat nooit met één knie gebogen of een schuin gehouden bekken.
- Zwaait of wijst tijdens het praten met de vinger.
- Maakt tijdens het praten gebruik van zelfaanwijzende gebaren, zoals het eigen lichaam bekloppen of naar zichzelf wijzen.
- Glimlacht met open mond, waarbij de tanden te zien zijn.
- Houdt bij het lachen het hoofd schuin achterover.
- Bovenarmen worden van het lichaam af gehouden.
- Raakt hoofd of haar aan om zachte huid aan binnenkant boven- of onderarm te tonen.
- Wipt bij over elkaar geslagen benen vrij snel met het bovenste been.
- Trekt een wenkbrauw op.
- Kijkt over de rand van het glas.
- Geeft je speelse tikjes of klopjes.
- Woelt door je haar.

Een dominante vrouw zal snel het initiatief nemen tot seks; ze heeft eerst een heleboel fysieke hints gegeven, vaak al bij de eerste ontmoeting. Oogcontact zal naarmate er meer avances worden gedaan toenemen. Ze raakt je snel aan, vooral om 'haar gebied af te bakenen', zodat andere vrouwen worden gewaarschuwd uit de buurt te blijven.

Onderworpen man

- Neemt een gebogen houding aan.
- Steekt handen in zakken.
- Haalt tijdens het praten zijn schouders op.
- Schudt tijdens het praten zijn hoofd.
- Glimlacht met de mondhoeken omlaag.
- Omvat het eigen lichaam met de armen.
- Levert geanimeerd en speels kritiek op zichzelf.

- Zoekt gezichten af op tekenen van goedkeuring.
- Maakt gebruik van contrasterende houdingen, als om zich na zelfcontrole te herpakken.
- Reageert snel en nogal nerveus wanneer jij beweegt.
- Slaat een arm om je middel.
- Bij het handje-vasthouden ligt zijn hand onder.
- Wringt zijn handen.
- Maakt speelse gebaren of doet speelse uitspraken gevolgd door een nerveuze lach en een blik op je gezicht.

In seksuele termen zal een onderworpen man graag doen wat hem wordt gezegd. Hij is zo slecht in staat initiatieven te nemen of verzoeken te doen dat je er doodmoe van wordt.

De koesteraar
- Maakt gebruik van oogcontact met heel zachte blik.
- Verzorgt je, plukt stofjes van kleding of fatsoeneert je haar. (Dit zijn tevens bezitterige en/of territorium-afbakenende gebaren, hoewel veel koesterend gedrag beide kan zijn.)
- Houdt het hoofd laag en glimlacht je recht in je gezicht toe.
- Maakt gebruik van geruststellende gebaren, zoals op je hand kloppen of over je rug wrijven.
- Kijkt veelvuldig naar je gezicht, maar eerder van opzij dan recht van voren.
- Glimlacht eerder uit sympathie dan uit gevoel voor humor.
- Knikt langzaam tijdens het luisteren, eerder om emotie te bevestigen dan omdat de algehele boodschap wordt begrepen.
- Maakt gebruik van een heleboel trage, zorgvuldige gebaren, zoals door het haar strijken of handenwrijven.

Bij een koesteraar zal elke seksuele avance vergezeld gaan van controlegebaren, om na te gaan of alles met jou wel in orde is. De benadering is traag: een heleboel gezichtsaanrakingen, over de rug wrijven, strelen en dergelijke. Hij of zij kan je schouders masseren en zal na afloop steevast tissues gaan halen of een sigaret opsteken.

Het onbezorgde kind

- Maakt gebaren om emotie te kennen te geven, vaak empathisch; reactieve gebaren zijn vaak zeer open en sterk aangezet.
- Heeft grote ogen en opgetrokken wenkbrauwen.
- Glimlacht met geplooid mondje.
- Neemt grote, dansende passen.
- Zet het bij haast op een lopen.
- Maakt veelvuldig gebruik van ongeduldige gebaren: tikken, op en neer wippen, dwalende blikken, op horloge kijken.
- 'Speelt' met voorwerpen.
- Leunt bij zitten in elkaar gezakt achterover.
- Knikt snel.
- Lacht vanuit de buik, buigt zich voorover in stoel en grijpt naar buik.

Het onbezorgde kind zal op seks aansturen middels speelsheid en hints, die meestal beginnen met kietelen, speelse omhelzingen of zelfs stoeien. Hij of zij zal vooraf en tijdens het vrijen veel lachen en kinderlijke benamingen gebruiken voor lichaamsdelen.

De volwassene

- Handhaaft zelfverzekerd oogcontact.
- Maakt gebruik van open, maar geen flamboyante gebaren, die woorden ofwel illustreren, ofwel kracht bijzetten.
- Geeft zelfverzekerd een sociale glimlach ten beste.
- Maakt gebruik van gezichtsuitdrukkingen die een gepaste respons zijn op wat jij zegt.
- Maakt gebruik van spiegelen.

De volwassene maakt zelfverzekerde toespelingen op seks en is niet bang om je al dan niet in een seksuele context aan te raken, waarbij de ogen je gezicht en lichaam afspeuren. De bedoelingen zijn open, maar er worden geen ongepaste toenaderingspogingen gedaan.

Vergeet niet dat deze typeringen een glijdende schaal vormen en dat je partner gedurende jullie relatie, of zelfs gedurende één vrijpartij, van de ene in de andere modus over kan gaan. Wanneer we in een van deze toestanden terechtkomen, zullen we vaak onbewust een of meer van de bovenstaande gedragingen vertonen om onze stemming kenbaar te maken. Daarmee 'vragen' we de ander als het ware zich complementair op te stellen; we willen dat die met ons meedoet. Een dominant type wil graag een onderworpen type, een volwassene zoekt een volwassene, en het onbezorgde kind zoekt ofwel een koesterende, ofwel een dominante partner, afhankelijk van zijn of haar voorgenomen ondeugendheid.

Je kunt de aanzet geven tot een relatie, of zelfs je relatie instandhouden, door je eigen gedrag navenant aan te passen. Je kunt ook kiezen voor verandering, hetgeen betekent dat je tegenover een dominant persoon dominant of volwassen gedrag vertoont.

Werkt dit? Het kan werken als dit tot een verandering in het gedrag van de ander leidt, en als die met de verandering kan instemmen. In relaties tussen gezinsleden is dit soort maatwerk heel belangrijk voor de continuïteit. Zoals we hebben gezien, is een kind dat een driftbui krijgt uit op onderwerping van zijn of haar ouders. Geeft de ouder hieraan gehoor, dan heeft weliswaar de transactie succes gehad, maar wordt het kind beloond voor zijn of haar wangedrag. Om deze cyclus te doorbreken zou de transactie juist níét moeten werken, zodat het kind leert dat de driftbui ineffectief is en overstapt op een andere tactiek, die hopelijk sociaal gepaster is.

Een gezin heeft al a priori een band die vrijwel gegarandeerd is. Wanneer je een nieuwe partner ontmoet, is er – aanvankelijk – weinig of geen druk om een relatie te ontwikkelen. Zorg je niet voor een gedragsmatch, dan zul je een heleboel andere vormen van compatibiliteit moeten kunnen presenteren.

• Zorg al vroeg in de relatie voor een goede match en breng later correcties aan.
• Kies de stijl die je voorkeur heeft en kijk maar wat er gebeurt.
• Zorg voor een match en houd dat gedrag jullie hele gezamenlijke leven lang vol.

Evenwicht

De echte test van elke relatie is het vermogen van de twee betrokkenen om hun gedragsstijlen zodanig aan elkaar aan te passen dat uit elk moment het beste wordt gehaald. Helaas zal naarmate de relatie vordert een of beide partijen vaak lui worden of de aanwezigheid van de ander als te vanzelfsprekend gaan zien om zich er nog druk om te maken. Hoe meer conflicten deze apathie genereert, hoe meer wrok er zal ontstaan, tot je helemaal niet meer bereid bent om je aan welke situatie dan ook aan te passen. Vanaf dat moment ontstaan er patronen van disfunctioneel gedrag die jullie geen van beiden zullen doorbreken, omdat je het gevoel hebt dat je, als je dat wel zou doen, gezichtsverlies zou lijden.

Het is vrij makkelijk om bestaande patronen te doorbreken door je gedrag en responsen op bepaalde prikkels te veranderen. De enige die je tegenhoudt ben jijzelf. Vergeet niet: *Als ik doe wat ik altijd heb gedaan, krijg ik ook wat ik altijd heb gekregen.*

Om verandering te kunnen bewerkstelligen moet je een hiaat creëren. Na een prikkel kan zelfs een pauze van een seconde al voldoende tijd zijn om je eraan te herinneren dat je weloverwogen dient te reageren en niet moet handelen vanuit een impuls. Plan een andere aanpak. Kom met een nieuwe respons. De verandering hoeft niet groot of traumatisch te zijn, zolang je maar ander gedrag vertoont.

Deze verandering van tactiek zal je helpen om een veel gezondere langetermijnrelatie te krijgen. Veel van deze patronen komen al tot stand tijdens de eerste afspraakjes, en om die reden breng ik ze hier ter sprake.

Zoals ik al eerder heb opgemerkt, is je stijl zodanig aanpassen dat je je partner aanvult vaak een slimme methode om überhaupt een partner aan te trekken. Het is net zoiets als een mooi pak aantrekken naar een sollicitatiegesprek. Maar zodra het ernaar uitziet dat deze relatie wel eens toekomst zou kunnen hebben, dien je over te gaan op meer constructieve technieken. Doe dat niet door opeens je gedrag dramatisch te veranderen, want dan raakt je nieuwe partner gealarmeerd en lijkt het of je tijdens jullie eerste paar dates alleen maar een rol hebt gespeeld. Ook mag een verandering nooit tot gedrag leiden waarbij je zo volkomen 'jezelf' bent dat je alleen nog maar rondloopt in uitgezakte joggingbroeken, al winden latend en boerend.

Veel boeken over relaties propageren om relaties in stand te houden met de tactiek: houd de act in stand tot je erbij neervalt. Volgens die tactiek zet je 's avonds voor je partner thuiskomt overal in huis verse bloemen en geurkaarsen neer en hang je het credo aan: een dienstmeisje in de woonkamer, een kokkin in de keuken en een hoer in de slaapkamer. (Ikzelf zou eerder kiezen voor een slons in de keuken en een hoer in de slaapkamer, maar wie ben ik?)

Met de volgende regels wil ik trachten je manier van denken over de non-verbale boodschappen die je vanaf jullie eerste date uitzendt en van je partner ontvangt, een beetje te veranderen.

Regel 1: Gebruik je ogen

Sla je partner gade. Let altijd op diens stemming en op veranderingen in zijn/haar gedrag. Behalve wanneer je in je partners schedel zou kunnen kruipen is dit de enige manier om na te gaan wat er in zijn of haar hoofd omgaat. Weet wanneer je partner speels, gevoelig, sensueel of serieus is. Kijk uit naar de tekenen, want die zijn er altijd. Een moeder leert de gedachten van haar kind te lezen, en dat doet ze door op lichaamstaalsignalen te letten. Moeilijk is het niet. Heb je een langdurige relatie, dan heb je ruim de tijd voor studie. *Maar blijf hoe dan ook kijken.*

Regel 2: Ga uit van het beste en het slechtste

Als vuistregel kun je ervan uitgaan dat de meeste mannen vrij simplistisch over hun relatie denken. Vrouwen daarentegen kunnen heel wat ingewikkelder in elkaar zitten. Dit kan voor problemen zorgen wanneer een vrouw ervan uitgaat dat een man op dezelfde complexe manier denkt als zij. Ben je een vrouw, stel je dan voor dat je een potje schaak speelt waarbij jij tien zetten vooruitdenkt, terwijl je man zich alleen maar bezighoudt met de eerstvolgende zet. Ik besef ook wel dat dit allemaal verschrikkelijk simplistisch is en dat deze opvatting bol staat van de stereotiepe aannames, maar neem dit gewoon een poosje aan als een theorie, en ik denk dat je zult zien dat die opgaat. Beschouw elk relatieprobleem met mannen dan ook in termen van deze aanname, en geheid dat je het kunt ontrafelen. Ik zal enkele voorbeelden geven.

Waarom is hij met die vrouw naar bed gegaan, terwijl hij wist dat dat onze relatie zou schaden? Nou, toen hij haar tegenkwam, was hij maar op één ding uit: haar het bed in krijgen. Wat er daarna zou gebeuren deed er niet zoveel toe. Het feit dat hij er nu van ondersteboven is dat zijn daad schade heeft veroorzaakt is ook oprecht: nu is hij alleen op jou gericht.

Waarom heeft hij de moeite genomen mij mee uit te vragen als hij toch niet van plan was te komen opdagen? Er zijn twee antwoorden mogelijk: ofwel hij wilde graag met je uit op het moment dat hij een afspraak met je maakte, ofwel hij heeft je alleen maar mee uit gevraagd omdat hij wel aan je kon merken dat je dat graag wilde. Toen je eenmaal buiten beeld was, was ook de druk van de ketel. Hij heeft het gevoel dat hij heeft gedaan wat jij wilde, en dus zou je dankbaar moeten zijn.

Waarom heeft hij beloofd te bellen? Waarom heeft hij niet gewoon gezegd dat hij geen interesse had? Denk ook hier in tijdzones. Op dat moment was het het juiste om te zeggen. Het was wat jij wilde. De vraag of hij nu daadwerkelijk wel of niet zou bellen had daar niets mee te maken.

Waarom heeft hij zo zitten liegen? De keuzes die hij moest maken waren simpel: ofwel iets doen wat hij niet zou moeten doen en er vervolgens over liegen om je niet te kwetsen en je niet in alle staten te brengen, ofwel dat stoute en leuke niet doen. Je moet het simpel zien: wat snijdt het meeste hout?

Mannen daarentegen geloven dat ze een vrouw een simpele vraag kunnen stellen en dan ook een rechtlijnig antwoord krijgen. Ze raken voortdurend in de war en getraumatiseerd wanneer ze in plaats daarvan complexiteit terugkrijgen. Ze kunnen wel liegen, maar ze snappen niets van omtrekkende bewegingen. Daar krijgen ze hoofdpijn van. Keer op keer stellen ze eenvoudige vragen, en het lijkt geen moment tot hen door te dringen hoe stupide zulk gedrag is. Ook hiervan geef ik je enkele voorbeelden.

Wat wil je voor je verjaardag? Als je het moet vragen, betekent dat dat je me niet begrijpt. Ga er nou maar gewoon op uit en koop het ideale cadeau.

Wat is er mis mee om je geld te geven, zodat je zelf een cadeau kunt uitkiezen? Dat is ontzettend onromantisch. De moeite die je doet om iets uit te kiezen en te gaan kopen maken deel uit van dit liefdevolle gebaar.

Wat is er mis met deze das? Stel geen vragen. Ga niet in discussie. Doe die das af en verbrand hem.

Ik dacht dat je had gezegd dat je het niet erg vond als ik 's avonds laat thuiskwam. Je zegt toch altijd dat ik me niet hoef te haasten? 's Nachts om twee uur aan komen zetten is niet hetzelfde als 'je niet haasten'.

De regel is ook op non-verbale communicatie van toepassing. Je kunt ervan uitgaan dat wat mannen middels hun lichaamstaal te kennen geven, grotendeels overeenkomt met wat ze voelen. Doen ze onverschillig, dan zijn ze dat waarschijnlijk ook. Doen ze kinderachtig, dan willen ze waarschijnlijk ook als kind behandeld worden.

Mannen kunnen ervan uitgaan dat er bij de meeste vrouwen meestal meer speelt dan ze op dat moment tonen. We hebben het hier over het topje van een zeer grote ijsberg. Kijk naar de oppervlaktesignalen en beschouw die als alleen nog maar de symptomen van iets veel groters en ingewikkelders. Ja, zet je maar schrap. We verwachten van je dat je gaat graven. Ga graven bij een man en hij zal hoogstwaarschijnlijk dichtklappen. Ga graven bij een vrouw en ze zal denken dat het je zoveel kan schelen dat je een poging wilt doen om het te begrijpen.

Dit contrast in stijlen kan leiden tot verwarring of conflicten, maar alleen als je oordeelt aan de hand van je eigen maatstaven.

De wereldkaarttheorie

Heb je ooit wel eens een buitenlandse wereldkaart gezien? Die is vrijwel onherkenbaar. Dan zie je ineens waarom: je eigen land ligt niet in het midden. Dat is alleen maar zo op kaarten uit je eigen land. Waarschijnlijk dacht je net als ik dat de kaart waarmee we zijn opgegroeid *de* kaart van de wereld was, maar het is alleen maar *jouw* kaart. Om je partner te kunnen begrijpen dien je op zijn of haar maatstaven in te spelen, en dus op zijn/haar kaart van de wereld. Louter en alleen het feit dat die anders is, betekent nog niet dat er iets mee mis is. Oordeel nooit aan de hand van je eigen kaart. Je kunt gemeenschappelijke punten ontdekken, maar je zult ook grote verschillen kunnen constateren. Het is makkelijker om met iemand mee te werken dan te proberen die persoon te veranderen. De beste relaties zijn die waarin sommige referentiepunten worden veranderd, zodat de relatie zich kan ontwikkelen, en waarin andere punten met rust worden gelaten omdat ze bij dat individu horen. Wanneer we een nieuwe relatie beginnen, willen we vaak twee helften zijn die samen een geheel vormen. Kersverse partners gedragen zich vaak hetzelfde, praten hetzelfde en kleden zich zelfs een poosje eender. Dat is allemaal vreselijk schattig, maar uiteindelijk werkt het in je nadeel om te doen alsof je de helft van een tweeling bent. Wanneer dit gebeurt, zullen 'dingen apart' als verraad worden gezien, wat niet zo is.

Lichaamstaal – de datingfases

Je man begrijpen

Neem het meeste van wat je wordt gepresenteerd aan voor wat het is. Mannen kunnen weliswaar met hun lichaamstaal dingen maskeren, maar dat doen ze vooral om minder zenuwachtig of soft over te komen dan ze zijn. Je hebt er niets aan om te proberen een blik achter dat masker te werpen – ze willen immers niet dat je ziet wat zich daar bevindt.

Probeer te kijken zonder te staren. Mannen worden paranoïde wanneer je hen te veel aankijkt.

Houd de verschillende facetten van je partner in de gaten en neem ze voor wat ze zijn. De meeste mannen staan vanaf hun geboorte onder druk om stoer, grappig, kinderlijk, jongensachtig, mannelijk, sportief, zakelijk en zelfs 'in contact met hun vrouwelijke kant' te zijn. Wat je ziet zal een opeenvolging van een deel of van al deze facetten zijn. Behandel hem als iemand met een meervoudige persoonlijkheidsstoornis en reageer op elk facet zonder vooringenomenheid en zonder te verwijzen naar vorige facetten. Het heeft geen zin je lichaamstaalresponsen aan te passen aan een voorgaand facet en vervolgens moeilijk te gaan doen wanneer het niet werkt. *What you see is what you get.*

Beloon positief gedrag door je eigen gedrag eraan aan te passen en probeer aan negatief gedrag geen aandacht te besteden. Beloond gedrag heeft de neiging zich te herhalen. Pas echter op dat je niet per ongeluk negatief gedrag beloont. Wat jij als een afstraffing beschouwt was immers misschien precies de respons die hij wilde oproepen. Dit kan gebeuren met ruzies, die vaak worden besloten met gepassioneerde goedmaaksessies. Conflicten oproepen kan vervolgens worden beschouwd als een positief middel om een intense hartstocht los te maken. Heb je een hekel aan conflicten, let dan op hoe je je daarna gedraagt.

Ga er nooit van uit dat elke date hetzelfde zal zijn, of dat je relatie met het verstrijken van de tijd wel beter te doorgronden zal zijn. De manier waarop mannen aan relaties werken, is niet uit te drukken in een opwaartse grafiek. Ze kunnen van een hoge piek probleemloos pijlsnel afdalen naar een middenniveau of dieptepunt. Let bij elke date opnieuw op de lichaamstaalsignalen en reageer er dienovereenkomstig op. Denk niet meer aan je vorige date en de voortgang die daarbij zou zijn geboekt. Neem elk moment zoals het komt. De man met wie je de vorige keer het bed in bent gedoken, gedraagt zich misschien bij de volgende date als een vreemde. Probeer hier geen probleem van te maken en zoek er niet te veel achter. Dat was toen, dit is nu. Als je dat als mantra aanhoudt, kan er niet veel misgaan.

Je vrouw begrijpen

Denk niet dat alles wat je te zien krijgt, ook inderdaad zo is. Trek echter nooit de conclusie dat ze met opzet moeilijk doet. Vrouwen communiceren op verschillende niveaus tegelijk, en wie daar weinig kaas van heeft gegeten, kan al snel uit evenwicht raken. Reageer niet op de lichaamstaal die je wordt getoond; ga er altijd van uit dat er meer aan de hand is. Vrouwen mogen graag op deze manier hun mannen testen. De gedachte daarachter is dat je – als het je echt iets kan schelen – ook zonder te vragen wel weet wat vrouwen willen of nodig hebben. Wie vraagt, speelt vals en zal nooit een positieve respons krijgen, want zoals je vast wel eens eerder gezegd is: 'Als ik het je moet zeggen, hoeft het al niet meer.'

Zet je schrap en wees direct wanneer je voelt dat er moeilijkheden broeien. Negeer je dat wat eruitziet als een lang gezicht, dan zal het negatieve gedrag toenemen totdat het onmogelijk over het hoofd valt te zien. Schenk haar je onverdeelde aandacht. Ga zitten, maak gebruik van oogcontact, pak zelfs haar hand en vraag: 'Wat is er?' Maar doe dit níét als duidelijk is dat *jij* bent wat er aan de hand is. Vragen wat er is wanneer je zojuist bent betrapt op het staan flikflooien met een andere vrouw, is het stomste wat je kunt doen. In zo'n situatie zul je je verontschuldigingen moeten aanbieden. Ook hier geldt: schenk haar middels je lichaamstaal onverdeelde aandacht: oogcontact, knikken en bijpassende gezichtsuitdrukkingen. Kijk niet eenmaal weg, zelfs niet als de kamer wordt opgeblazen of als er een streaker voorbijrent.

Moet je liegen tegen je vrouw, doe dat dan per e-mail. Vrouwen hebben het *altijd* door wanneer je een leugen ophangt. Je lichaamstaal maakt dat al op kilometers afstand duidelijk, en je snapt natuurlijk wel dat ik je niet aan je neus ga hangen hoe. Lijkt een vrouw je leugen te slikken, dan komt dat alleen maar doordat ze heeft besloten geen scène te trappen. Je mag bovendien niet vergeten dat vrouwen nooit ook maar iets vergeten en heel, heel zelden vergeven. Alleen je moeder heeft ooit onvoorwaardelijk van je gehouden.

Koop na een ruzie nooit bloemen en zeg nooit: 'Sorry.' Vrouwen beschouwen bloemen geven als een feestelijke geste die bewijst dat we worden bemind en gekoesterd. We gooien ze als ze als goedmakertje moeten dienen alleen maar niet linea recta in de vuilnisbak omdat we niet graag iets levends vernietigen. Geld is een betere manier om je excuses aan te bieden, geloof mij maar. Of verontschuldig je anders met woorden en door middel van lichaamstaal. Oefen voor de spiegel tot je een verontschuldiging over je lippen krijgt en trek daar een gezicht bij alsof je het meent. En begin wanneer je excuses zijn geaccepteerd nooit te lachen.

Woel nooit door het haar van een vrouw, trek haar ook niet tegen je aan wanneer ze helemaal netjes is aangekleed om uit te gaan, en probeer haar ook niet te zoenen als ze lippenstift op heeft, tenzij het aan het eind van de avond is en jullie het bed in zullen duiken en er sowieso een bende van gaan maken. (David Beckham kwam met de ideale oplossing voor dit vraagstuk door Victoria op het puntje van haar neus te kussen. Het is een heel lief, romantisch en bedachtzaam gebaar.)

Contact met de groep

Bij het aangaan van een relatie hoort ook dat je op zeker moment wordt gevraagd kennis te maken met de vrienden en vriendinnen en de familie van je partner. Vaak ontmoet je eerst de vrienden en vriendinnen, en pas daarna de familie.

Deze ontmoetingen moet je beschouwen als belangrijke

momenten in de relatie. Ben je al wat ouder, dan kun je ook worden voorgesteld aan de kinderen van je partner. Acceptatie is van groot belang, maar het is geen sinecure.

Een gewaarschuwd mens telt voor twee. Ga na met wie je partner voor jou getrouwd was of met wie hij of zij omging. Ga er nooit van uit dat deze persoon de populairste man of vrouw van de groep was, hoewel de kans dat dat wel zo was groot is. Zie zoveel mogelijk details boven tafel te krijgen zonder paranoïde te worden of te klinken.

Is de groep hecht, heb er dan begrip voor dat jij het evenwicht enigszins zult verstoren. De anderen kunnen zich op allerlei niveaus bedreigd voelen: door je leeftijd, door je aantrekkelijkheid, of doordat je hun maatje van hen afpikt.

Hoe kun je het beste handelen?

- Zet een vriendelijk gezicht wanneer jullie kennismaken, maar leg het er niet te dik bovenop.
- Kijk eerst de kat uit de boom.
- Praat met de groepsleden afzonderlijk.
- Wacht er niet te lang mee na te gaan wie het alfamannetje of -vrouwtje van de groep is. De sleutel tot acceptatie kan bij die persoon liggen.
- Stel vragen over je partner. Onderwerp je aan hun gezag en ervaring.
- Stort je in het groepsgebeuren en spiegel zoveel mogelijk.

Wat kun je beter nalaten?

- Als een zeeslak aan je partner blijven klitten.
- Je partner afvallen of lelijke dingen over hem/haar zeggen.
- Tegenover je partner gebaren maken die een toespeling zijn op jullie seksuele band.
- Kijken alsof je onderonsjes of vaste grapjes in de groep ontzettend leuk vindt.

- Met Jan en alleman in de groep druk flirten.
- Luidruchtig doen.
- Iedereen acuut om de hals vallen.

Langetermijnrelaties

Trek je niets aan van de gebruikelijke raadgevingen over romantische dingen die je zou moeten doen, zoals een dineetje bij kaarslicht klaar hebben staan wanneer je partner thuiskomt van zijn werk, of romantische reisjes maken. Daar kleeft iets van vooroordeel aan. Het is net zoiets als oudejaarsavond: daar móét je zogenaamd iets gezelligs van maken. Dergelijke adviezen impliceren bovendien dat je er de rest van de tijd niks van bakt en dat je je dus af en toe flink zou moeten uitsloven. Onthoud dat de meeste mensen tegenwoordig lange dagen maken en vaak doodmoe zijn als ze uit hun werk komen. Stel je voor dat jij uitgeput thuiskomt, niets liever wilt dan een voetbad en een kop Earl Grey-thee, maar dat er een cd van Barry White op staat en dat je man over de keukentafel gedrapeerd ligt, gehuld in slechts een rubberen string.

Wil je echt iets goeds van je relatie maken, kies dan voor niet-aflatende verbetering. Zorg dat je er altijd goed uitziet, maar op verschillende manieren. Er bestaan goed uitziende makkelijke kleren en goed uitziende nette kleren. Geen enkele vrouw hoeft eeuwig en altijd rond te schrijden in kant en parels, en van geen enkele man wordt verwacht dat hij immer een pasgestreken overhemd en veterschoenen draagt. Hetzelfde geldt voor je lichaamstaal. Ook als je relaxt kun je er nog steeds aantrekkelijk uitzien. Bepaal een ondergrens voor je lichaamstaal en overschrijd die nooit. Daar bewijs je zowel jezelf als je partner een dienst mee.

Doe nooit aannames over je partner. Blijf opmerkzaam, hoe goed je hem of haar ook denkt te kennen. Mensen veranderen.

Ons werk verandert ons, kinderen veranderen ons, het leven verandert ons, en leeftijd verandert ons. Relationele ontwikkelingen hoeven niet te stoppen alleen maar vanwege het feit dat je ouder bent. Sommigen vinden ouder worden vreselijk, anderen hebben er geen problemen mee. Velen verzetten zich ertegen, wat rond de middelbare leeftijd tot bizar gedrag kan leiden. Wie een gevoel heeft van 'dit is mijn laatste kans' kan last krijgen van dusdanige aanvallen van puberachtig gedrag (zoals rondhopsen op Eminem en een navelpiercing nemen) dat iemand die al toe is aan Centerparcs en thermisch ondergoed er volkomen door kan worden verbijsterd. Probeer je echter aan deze gekte aan te passen, ook al begrijp je die niet. Wijzig je eigen lichaamstaal. Houd de ander bij. Uiteindelijk worden jullie toch op een gegeven moment pantoffeltypes, dus tot die tijd kun je net zo goed uit je dak gaan.

Wees respectvol. Het is een noodzakelijk aspect van je lichaamstaal als je een goede relatie wilt ontwikkelen. Luister wanneer je partner tegen je praat en blijf altijd, altijd signalen geven om te laten merken dat je luistert. Maak gebruik van oogcontact en passende gezichtsuitdrukkingen. Blijf de *look of love* gebruiken wanneer je met je partner samen bent. Verzacht je blik, verzacht je gezichtsuitdrukking, en vergeet niet zelf te verzachten. Het gezicht dat je je partner laat zien hoort een gezicht te zijn dat je niemand anders laat zien. Laat de vonk in je ogen nooit uitdoven. Vermijd tegen elke prijs signalen van irritatie. Wil je je irritatie ventileren, doe dat dan met woorden en niet met daden. De aanblik die je gezicht biedt zal je partner altijd bijblijven, terwijl woorden mettertijd hun zeggingskracht verliezen, tenzij je woorden in de mond neemt als 'echtscheiding' of 'moord'.

Schenk je partner geregeld onverdeelde aandacht.

Maak op gezette tijden gebruik van aanrakingen. Een kleine aanraking als je de kamer uitgaat of thuiskomt, of langs elkaar heen loopt, heeft grote betekenis. Beperk je niet alleen tot seksuele aanrakingen, zoenen of omhelzingen; je kunt ook met veel effect elkaars gezicht, hand, haar of schouder aanraken. Zulke gebaren zijn een kleine moeite, maar houden het warme gevoel levend.

12 Wat trek je aan?

Kleren zijn meer dan alleen maar modeartikelen of lichaams-bedekking. De kledij die je kiest om jezelf in te presente-ren maakt deel uit van je non-verbale signalen en vertelt een potentiële partner wat voor gevoelens je over jezelf, je status en je seksualiteit hebt.

Alle kleren hebben hun eigen signalen; geen enkele outfit zegt helemaal niets. Je kunt er minimaal aan zien dat je deel uitmaakt van een bepaalde groep of stam. Precies om die reden dragen mensen een zakelijk pak. De neutrale, sobere kleuren en traditionele belijning vertellen mensen weinig over de indi-vidualiteit van de drager, maar veel over het lidmaatschap van een groep. Wanneer je je kleedt als de rest van de groep, fun-geert dat als een soort schooluniform.

Je kleren geven vijf soorten 'boodschappen' door. Ze ver-wijzen naar:

1. banden met groep of stam
2. de huidige status of de status die wordt nagestreefd
3. innerlijk zelfrespect en zelfvertrouwen
4. persoonlijkheid
5. seksualiteit.

De afgelopen decennia hebben vrouwen de toon aangegeven op het gebied van lichaamsverzorging en kleding, maar daar komt nu verandering in. De nieuwe generatie jonge vrijgezelle mannen wordt vanuit de modewereld en markt gestimuleerd om evenveel tijd, zo niet meer, aan hun uiterlijke verschijning te besteden. David Beckham, het Britse rolmodel van deze tijd, wordt beschouwd als iemand die qua kapsel en modegevoel onderhoudsintensiever is dan zijn echtgenote.

Hoe kun je er nu voor zorgen dat je kleding de juiste taal spreekt om je ideale partner naar je toe te trekken en jullie relatie in stand te houden?

Bij doorsnee-lichaamstaal is het lastig om één gebaar of gezichtsuitdrukking te isoleren en daar los van de context iets zinnigs over te zeggen. Een wijzende vinger geldt als agressief, maar als je dit gebaar vergezeld laat gaan van een lach, kunnen de negatieve implicaties teniet worden gedaan. De juiste manier om welk signaal dan ook te interpreteren, is om het te beschouwen als een onderdeel van een cluster. Zet het in een context en je krijgt een beter beeld.

Hetzelfde gaat op voor kleding. Sommige kledingstukken maken hun boodschap luid en duidelijk kenbaar, terwijl andere subtielere signalen geven. Weer andere kunnen zelfs sommige boodschappen weerspreken. De mode van vandaag de dag staat erom bekend dat je alles kunt kiezen en combineren: minirokjes, een ontbloot middenrif, lichaamspiercings en tatoeages. Historisch gesproken zou deze look verwijzen naar een prostituee, maar de tijden veranderen en de opvattingen veranderen mee. Een paar jaar geleden werd de catwalklook van die dagen 'heroïnechic' genoemd, met magere, bleke modellen die eruitzagen als een soort heroïnejunks. Mode is er deels om te choqueren. Het probleem dat maatschappelijk gezien ontstaat, is dat niet iedereen de connotaties begrijpt. Zo maakte een tijdje geleden de gebreide slipover deel uit van de mode voor mannen. Nota bene een kledingstuk dat altijd werd geassocieerd met suffe studiebollen of moederskindjes. Heeft jouw partner in spe bij jullie eerste date zo'n ding aan, hoe weet je dan of hij ouderwets en stug is, of juist cool en ironisch?

Op het vlak van daten en relaties aangaan kunnen we qua kleding drie afzonderlijke fases onderscheiden.

1. De kleren die je aantrekt om bij de eerste ontmoeting aantrekkelijk gevonden te worden.
2. De kleding die je aantrekt naar een date.
3. En ten slotte de kleren die je aantrekt wanneer jullie samenwonen.

Eerste ontmoeting

De kleding die je draagt wanneer je je potentiële partner voor het eerst ontmoet, zal een belangrijke rol spelen bij diens beoordeling of een match tot de mogelijkheden behoort.

Pas je bij de groep van deze persoon? Draag je het juiste soort uniform? Hoe jonger je bent, hoe groter de druk zal zijn om congruentie te tonen met de rest van zijn of haar vrienden en vriendinnen. Hoe hechter de groep of stam, hoe groter het gevaar er als een eenling uit te zien. Uniforme kleding van welke aard dan ook geeft bovendien veiligheid en vergemakkelijkt contact. Wil je de eerste horde kunnen nemen, dan helpt het om je te kleden in dezelfde groepsstijl als degene op wie je een oogje hebt.

Daarnaast geldt nog altijd dat tegengestelden elkaar aantrekken en dat sommige mensen de eenling of degene die afwijkt juist onmiddellijk interessant vinden. Maar we hebben het nu over op safe spelen. Het is prima om af te wijken, maar het is veiliger om *binnen* de groep af te wijken, als je begrijpt wat ik bedoel.

Dit houdt in dat je je een acceptabele look aanmeet, maar dat je daarbinnen kleine aanpassingen maakt om je outfit een persoonlijk tintje te geven.

Daten

Streef niet na elke keer even hard je best te doen, maar verzet je aan de andere kant ook tegen de neiging om helemaal niet meer je best te doen. Mannen raken gealarmeerd wanneer een vrouw zich niet meer weet te kleden, want dan worden ze bang dat het tijdperk van leggings bijna is aangebroken. Ze zullen het opmerken wanneer kledingstukken bij elkaar passen, zeker in het geval van lingerie. Niet bij elkaar passende kleren maken duidelijk dat je niets om kleding geeft. Grote onderbroeken maken mannen doodsbang, en we weten allemaal dat ze niet zitten te wachten op maillots. Wil je een man echt de deur uit jagen, trek dan een grote onderbroek en een maillot of dikke panty aan. Je kunt praten als Brugman om uit te leggen dat de rest van je kleren hier mooier overheen valt, het zal niet mogen baten.

Vrouwen houden meer van kleine onderbroekjes dan ze willen doen voorkomen. Boxershorts waren immers ooit alleen maar sexy als ze werden gedragen in een spijkerbroekreclame. G-strings wekken algauw associaties met een stekeltjeskapsel, maar kunnen ermee door als je eenmaal een relatie hebt. Witte of zwarte korte, vrij strakke onderbroeken zijn waarschijnlijk het meest safe.

Daten geeft je de gelegenheid om andere facetten van je ontzettend complexe en intrigerende persoonlijkheid te laten zien middels je garderobe, maar pas je kleding wel altijd aan de gelegenheid aan. En wanneer je twijfelt, maak dan gebruik van spiegelen: trek kleren aan in een vergelijkbare stijl als die van je partner. Wanneer jullie uiterlijk op elkaar lijken, impliceert dat een geestelijke band.

Kleding binnen relaties

Ook in een relatie kan het nog steeds leuk zijn om werk van je kleding te maken, zolang je je maar allereerst kleedt om indruk te maken op jezelf en pas op de tweede plaats op je partner. Godzijdank is het mogelijk om allebei tegelijk te doen en er toch goed uit te zien.

Wanneer je geen belangstellng meer voor jezelf hebt, heb je ook geen belangstelling meer voor je relatie. Vergeet al die praatjes over dat je figuur als je ouder wordt alleen maar zou uitzakken en je garderobe een stijlvrije zone zou worden. Je hebt dit net zo goed zelf in de hand als toen je nog jonger was. Denk vooruit voordat je je greep verliest. Je partner vindt je misschien prima met elke lichaamsvorm en in elke kledingstijl, maar sta er eens bij stil wat er zou gebeuren als jullie uit elkaar zouden gaan. Hoe zou je eruitzien wanneer je daarna weer zou beginnen met uitgaan en daten?

Leeftijd zegt niets over hoe goed je eruitziet, en verwachtingen zijn veranderd. Huwelijken duren korter, dus je moet langer een slanke, gewiekste, stijlvolle vechtmachine zijn.

Stijlfouten

Kinderkleding

Vrouwen die zich hullen in wapperende gebloemde jurkjes en mannen die zich uitdossen alsof ze deel uitmaken van een gezellig jongensboek, dienen zich te realiseren dat ze er volslagen belachelijk uitzien. Dat soort kleren zijn verre van cool en sexy. Ik heb volwassen vrouwen meegemaakt die haarbandjes en kindersandalen droegen, en mannen met een pukkel als schoudertas. En steevast hebben ze een rits mini-mensjes op sleeptouw. Wanneer je je kleedt als je kinderen, is daar niets schattigs of grappigs aan. Hou ermee op, en wel nu!

Huiskleren

We weten allemaal dat het prettig is om je op je gemak te voelen, maar sommige kleren zouden het daglicht nooit meer mogen zien. Hiertoe behoren kledingstukken die je had bestemd voor schoonmaken of tuinieren. Meestal heb je ze uit de vuilnisbak gevist, waar je partner ze vol weerzin in heeft gegooid. Er zijn zoveel leuk uitziende makkelijke kleren te koop dat je die gevlekte, groezelige of uitgezakte rommel echt nooit meer hoeft aan te trekken.

Ouwelijke kleren

Ik vind niet dat er veel mis is met een schaap dat zich kleedt als een lam, maar wel met een schaap dat zich kleedt als een veel ouder schaap. Vrees de dag dat je partner thuiskomt met een 'comfortbroek' met elastieken inzetten bij de taille of iets bestelt uit een catalogus met vrijetijdskleding, die toevallig bij de reclame zat. Ergens bestaat er een wereld van geruwde katoen en tweed, rugbyshirts en bootschoenen en sportief-casual, en die wereld wil ík nooit leren kennen.

Kleding die de nadruk legt op fysiek zwakke punten

Er bestaan zoveel vormen en stijlen dat iedereen er goed uit kan zien, dus waarom zou je door je kleding de nadruk leggen op je zwakke punten?

Kleurenpsychologie

De kleuren die je kiest voor je kleding kunnen veel over je zeggen.

* DONKERBLAUW/GRIJS – professioneel, functioneel, zakelijk.
* ZWART – heeft vele facetten: modieus, ingetogen, streng, stijlvol, mysterieus, zakelijk, agressief.

- ROOD – de kleur van seks, emotie, liefde en passie. Warm en extravert. Maar ook agressief. Pas hier echter mee op. Mannen in het datingcircuit zien rood ook als signaal voor 'wanhopig'. Soms niet subtiel.
- GROEN – informeel, in contact met de natuur, niet-agressief, empathisch, kalm. Jade of smaragd heeft meer sjeu.
- BRUIN – ingetogen, onopvallend. Kan er somber uitzien. Aards. Streng.
- ROZE – aardig, grappig. Babyroze doet passief en kinderlijk aan, felroze duidt op onverzadigbaarheid en een verlangen om op te vallen.
- BLAUW – veilige optie. Meestal flatterend. Kalm. Gericht. Smaakvol. Niet te saai.
- BEIGE – saai. Duidt vaak op weinig zelfrespect. Oninteressant. Draag deze kleur alleen als smaakvolle optie wanneer je teint en persoonlijkheid nogal heftig zijn en je die wilt afzwakken. Ben je bleek en saai, mijd beige dan als de pest.
- CRÈME – levendiger. Lichte kleur met veel energie.
- WIT – een wit overhemd of T-shirt bij een man is erg aantrekkelijk. Een wit pak is het absolute dieptepunt, tenzij je Gareth Gates heet. Wit bij een vrouw wordt geassocieerd met zuiverheid en bruiloften.
- PAARS/MAUVE – krachtig en controversieel. Artistiek.
- GEEL – optimistisch, creatief. Veel energie.

Stoffen

Alle 'natuurlijke' stoffen, zoals katoen, zijde, denim, wol, leer en linnen, zijn prima. Vermijd stoffen die te kunstmatig en te stijf zijn; kies in plaats daarvan voor iets waar meer schwung in zit en wat mooi valt, en dat in het dragen niet veel onderhoud vergt. Kleding moet er comfortabel en prettig-om-aan-te-raken uitzien, niet ongemakkelijk en kriebelig. Ga eens na hoe je je in je kleren beweegt. Bewegen je kleren met je mee? Kun je er makkelijk in zitten, staan en lopen? Kun je goed lopen op de schoenen die je draagt of kun je beter andere aantrekken?

Voor vrouwen

- Vermijd stoffen die erg opvallen, zoals satijn en kant. Wees ook op je hoede voor de informele, pretentieloze charme van kleine bloemenprints. Wat jij bekoorlijk en romantisch vindt, is in de ogen van de meeste mannen tuttig en schooljuffrouwachtig.
- Vesten kunnen dezelfde allergische reactie opwekken, evenals tweedstoffen.
- Vermijd kleding met te veel toeters en bellen, zoals te veel kleuren of dessins, of te veel sieraden.
- Broches zijn afgrijselijk. Draag die niet.
- Hetzelfde geldt voor sjaals en kasjmieren omslagdoeken. Mannen vinden dat je er daarmee als een omaatje uitziet.
- Draag je iets straks, ga dan niet alleen na hoe je er daarin uitziet als je een pose aanneemt. Eet bij een zware maaltijd je buikje rond en ga lichtelijk in elkaar gezakt voor de spiegel staan. Ziet je kleding er dan nog steeds goed uit?
- Let erop dat je ondergoed niet door je bovenkleding heen te zien is.
- Draag geen sieraden, zoals ringen, liefdeshartjes en enkelbandjes die je overduidelijk hebt gekregen van je vorige geliefde. Dat is net zoiets als wanneer je ontdekt dat je man de naam van zijn ex op zijn lichaam heeft laten tatoeëren.
- Vestig de aandacht op het sterkste punt van je lichaam door de rest bescheiden te houden. Maar als je te veel goede punten benadrukt, heeft dat het effect van overkill.
- De meeste mannen vinden schoenen met een hak leuker dan sportschoenen.
- De meeste mannen zien ook graag een beetje make-up.
- Leg het er niet te dik bovenop want dat werkt meestal niet.

Ik sprak eens een man die stond ingeschreven bij een relatiebureau en opmerkte dat hij doodziek werd van vrouwen
die, om maar zo sexy mogelijk over te komen, kwamen
aanzetten in strakke rode jurkjes met felrode lippenstift op.
Pak het in plaats daarvan eens wat subtieler aan. Dat hoeft
echt niet saai te zijn.

Voor mannen

- Vermijd te flitsende of te sexy kleding. De meeste vrouwen
  vinden die alleen maar grappig.
- Zorg dat je eruitziet alsof je werk van je kleding hebt
  gemaakt, maar niet alsof je uren voor de spiegel hebt
  gestaan.
- Kies bij twijfel voor een schone spijkerbroek en een mooi
  wit T-shirt, tenzij je naar een gelegenheid gaat die daar te
  chic voor is.
- Zorg dat je er niet meer 'voorbereid' uitziet dan de vrouw.
  Het kan nogal suffig staan als je komt aanzetten in een
  regenjas met een paraplu onder je arm.
- Heb je een pak, maak jezelf dan niet wijs dat je het jasje en
  de broek wel apart van elkaar kunt dragen, in combinatie
  met iets anders. Dat kan namelijk niet!
- Draag in het begin van een relatie geen gebreide truien.
- Draag je een overhemd op je spijkerbroek, zorg dan dat het
  een overhemd is met een casual snit, niet eentje voor bij een
  pak.
- Vrouwen zijn minder onder de indruk van merkonderbroe-
  ken dan je misschien zou denken.
- Draag nooit zogenaamd grappige sokken.
- Of zogenaamd grappige T-shirts.
- Strijk nooit een vouw in je spijkerbroek.
- Zorg dat de tandenborstel in je zak nooit te zien is, ook niet
  als het niet de eerste date is en als jullie al met elkaar naar
  bed zijn geweest. Dat wordt als aanmatigend beschouwd.

- Probeer eruit te zien als het soort man dat de volgende ochtend verse croissantjes zal gaan halen en sinaasappels zal uitpersen. Sexy-maar-gezond werkt meestal goed.
- Controleer de inhoud van je zakken voordat zij dat doet. Gooi alles eruit wat doet vermoeden dat je een leven had voordat je haar leerde kennen.

Je kleden voor seks

Of je je nu wel of niet zo kleedt dat bepaalde lichaamsdelen zichtbaar zijn, hangt af van de boodschap die je aan een eventuele partner wilt overbrengen. De meeste mensen vinden sexy kleding opwindender dan naaktheid, hoewel je er als je te veel ineens ontbloot eerder wanhopig dan wellustig uit zult zien.

Wanneer we lichaamsdelen onthullen, bootsen we als het ware ons eigen lichaam na, ook wel mimicry genoemd, wat wil zeggen dat bepaalde lichaamsdelen fungeren als klonen of kopieën van andere lichaamsdelen.

De grootste seksuele uitnodiging die een vrouw een man kan geven is om haar billen in zijn richting te steken. Dit signaal is echter soms moeilijk over te brengen wanneer je elkaar al hebt leren kennen, want mensen staan normaal gesproken dan met hun gezichten naar elkaar toe. Kylie Minogue scoort niet voor niets zo enorm met de nadruk die ze legt op haar beroemde Minogue-achterwerk. Het gebaar leent zich meer voor algemene suggestie dan voor specifieke gerichtheid, zodat Kylie het tijdens haar act op het podium kan overdrijven. Veel andere beroemdheden zijn deze look gaan imiteren door rugloze jurken aan te trekken naar filmpremières, zodat ze de gelegenheid krijgen hun rug naar de camera te draaien en met het opvallendste kenmerk van de jurk tegelijk hun billen te laten zien. Andere vrouwen werken met hun billen op de dansvloer, of door kleren te dragen die op hun achterwerk strak aansluiten, zodat de vorm ervan wordt benadrukt.

Aangezien de meeste van onze andere seksuele transacties *face to face* plaatsvinden, zijn de borsten populaire klonen van de billen geworden; in beha's met een uitgekiende snit worden ze tegen elkaar en omhooggedrukt, zodat ze meer lijken op ronde billen.

Momenteel is het bovendien een trend om je middenrif te ontbloten; navelpiercings en blote navels zie je steeds meer. Popsterren zoals Gerri Halliwell poseren met geheven armen en tonen hun buik. Volgens psychologen is dit gebaar erotisch omdat de navel erdoor verandert in een verticale gleuf: een nabootsing van de genitale gleuf; reden waarom deze pose favoriet is bij pin-ups.

Voor mannen geldt de neus als de belangrijkste verwijzing naar de geslachtsdelen. Laat daaronder een woeste baard staan en de genitale mimicry is compleet. (Voordat je deze truc thuis uitprobeert, kun je er beter eerst eens goed over nadenken of je wel wilt dat je gezicht zó sterk op je geslachtsdelen lijkt.)

Ondergoed

Heb je een afspraakje met een oudere man, houd dan wat de keuze van je kleding betreft het *wannabe*-aspect voor ogen. Wanneer de ouderdom met rasse schreden naderbij komt (en dat kan voor hun gevoel al het geval zijn wanneer ze eind dertig zijn), willen mannen niet het gevoel krijgen dat ze iets hebben gemist. Ze willen graag denken dat ze in hun leven alles al op enig moment hebben gedaan, en ze beginnen te piekeren over dingen waar ze niet aan toegekomen zijn.

Een van die gebieden zal sexy kledij zijn. Ook al weten ze niet helemaal zeker of ze wel van dit soort dingen houden, ze denken dat dat moet en dat ze het verdienen, wat in hun ogen enorm belangrijk is.

Wanneer een vrouw wil weten welke lingerie dit soort

gedachten stimuleert en beïnvloedt, doet ze er goed aan een stapel herenbladen en pornotijdschriften door te bladeren. Het verbaast me altijd zeer dat vrouwen de blaadjes van hun man vol afgrijzen in de vuilnisbak gooien, of weigeren naar pornofilms te kijken wanneer ze die achter in de kast ontdekken; deze zaken kunnen je juist een stukje van de puzzel aanreiken die anders nooit compleet zou zijn.

Bekijk deze bladen en films. Vergeet niet dat je man hier misschien wel seksueel groot mee is geworden. Wie weet denkt hij wel dat dit op de een of andere manier de norm is. Kijk goed. Zie je ook maar één maillot of panty? Zie je vrouwen die sportschoenen of gezondheidssandalen dragen? Heeft ook maar één van hen geen make-up opgedaan omdat ze er daarmee onnatuurlijk uit zou zien? Zie je ergens vesten of grote onderbroeken?

Nee. Je ziet strings, jarretelgordeltjes, kousen, zwart kant, stilettohakken en glanzende lippen. Daar kun je iets van leren. Hoge hakken mogen dan slecht zijn voor je eksterogen, mannen denken bij het zien ervan meteen aan seks. Met hoge hakken aan zien je benen er langer en strakker uit. Ze maken je ook breekbaarder, maar tegelijkertijd agressief.

Aan de andere kant: de meeste vrouwen zijn al blij als jij eraan denkt in bed je sokken uit te trekken. Vrouwen hebben duidelijk minder mannelijke rolmodellen. De seksgoden die bij vrouwen bekend zijn, komen in de regel niet verder dan hun onderhemd of een blote bast. We zouden onze mannen best in sexy kleding willen zien, maar het meeste wat er op dat gebied te koop is, is bedoeld voor homostellen. We houden van de witte outfit in *An officer and a gentleman*, en we houden van brandweermannen, maar probeer zo'n outfit maar eens onopgemerkt in de badkamer aan te trekken voordat je in bed springt.

Wil je niets weten van mode, dan is dat op eigen risico, want de kleren die we kiezen onthullen veel over onze benadering van seks. De parallellen zijn er allemaal, en er valt niet echt over te discussiëren. Geef je duidelijk je negatieve interesse te kennen via de manier waarop je je lichaam omhult, dan is het niet zo gek dat anderen ervan uitgaan dat het met je seksuele vaardigheden niet best gesteld is en dat je in bed flair of ervaring mist. Het duidt op een volslagen gebrek aan belangstelling voor je persoonlijke imago, waarvan de oorzaak eerder depressie dan arrogantie zal zijn.

Beschouw je kleren als krachtige boodschappers en blijf jezelf hier je hele relatie lang van bewust. Soms is het maar al makkelijk om als je een partner hebt je kleding te verslonzen, maar dan realiseer je je niet hoezeer dat aangeeft dat je hem of haar als een vanzelfsprekendheid beschouwt.

13 Romantiek op het werk

Mensen hebben natuurlijk op het werk altijd al partners gevonden, maar tegenwoordig lijkt het wel érg veel voor te komen. Toen ik mijn boek *Sex at Work* schreef, vermeldde ik dat zo'n 40 procent van de mensen toegaf zijn of haar partner op het werk te hebben leren kennen, en ik ga ervan uit dat dat percentage sinds het boek jaren geleden verscheen alleen maar is gestegen.

Hoe kan dat? Nou, we maken nog steeds lange dagen, wat betekent dat we minder tijd hebben voor gezellige dingen. De meeste mensen zijn zelfs alleen maar harder gaan werken doordat de werkdruk door allerlei omstandigheden is toegenomen, plus het feit dat de IT ons in staat stelt meer te doen. Veel bedrijven fuseren en worden groter, en door het bestaan van kantoortuinen en gezellige dingen op het werk zijn mensen zichtbaarder en beschikbaarder geworden. Het toegenomen aantal echtscheidingen heeft een nieuwe instroom mogelijk gemaakt van ouderen die weer single en beschikbaar zijn, en aangezien de meeste cafés en clubs op een jong publiek gericht zijn, is de werkplek voor sommigen de enige mogelijkheid om een partner te leren kennen.

Bedrijven hebben zich op dit gebied in de loop der tijd aangepast. Vroeger zou men bij een romance op het werk de wenkbrauwen hebben gefronst of de relatie zelfs onmogelijk hebben gemaakt, maar tegenwoordig kunnen bazen weinig anders dan een oogje dichtknijpen, ook al willen ze de relatie niet aanmoedigen.

E-mail heeft een heel nieuwe manier in het leven geroepen om te flirten met collega's, maar tegelijkertijd is daardoor op het gebied van lichaamstaal een nieuwe dubbele moraal ontstaan. Wanneer we iemand op het werk mailen, komen we algauw terecht in een soort virtuele realiteit, alsof de boodschap die je verstuurt naar iemand anders gaat dan naar degene die binnen je gezichtsveld aan een ander bureau zit. Mensen kunnen heel romantische of wellustige e-mails versturen, maar zich toch vrij formeel blijven gedragen wanneer ze elkaar in levenden lijve tegenkomen, wat een kenmerk is van alle vormen van geschreven communicatie, ook de elektronische.

Het grootste probleem met verhoudingen op het werk is dat ze je carrière onderuit kunnen halen, zeker als je met de baas naar bed gaat. Ik wil je echter niet ontmoedigen. Het kantoor kan nog steeds een van de beste plekken zijn om een partner tegen te komen. Veel mensen houden dat al bij het uitstippelen van hun carrière in hun achterhoofd.

Voordelen

Een van de leuke aspecten van een partner aantrekken op het werk is dat je het in termen van lichaamstaal niet allemaal meteen al de eerste keer goed hoeft te doen. Elke dag kun je omwille van deze ene collega een beautyparade weggeven. Je kunt diens stemmingen, opvattingen, normen en waarden en seksuele aantrekkingskracht in de gaten houden, en je kunt al die verrukkelijke facetten van jezelf tentoonspreiden.

Voordelen op het gebied van lichaamstaal

- In het drukke kantoor kruisen jullie blikken zich in de loop van een week vele malen.
- Je kunt een potentiële partner op het werk nauwlettender gadeslaan dan in het openbaar.
- Je kunt jezelf laten zien terwijl je in actie bent, wat honderd keer beter is dan alleen maar op een barkruk zitten.

- Je kunt je op geoorloofde wijze buigen, leunen en strekken, waarbij je seksuele lichaamsdelen laat zien zonder het er te dik bovenop te leggen.
- Het is sociaal gezien oké om je mooiste glimlach te tonen zonder dat je ervan kunt worden verdacht versierpogingen te ondernemen.
- Misschien mogen jullie elkaar zelfs wel aanraken (handen schudden).
- Je kunt vrij brutale flirttechnieken gebruiken (op een pen bijten of zuigen, je haar gladstrijken, je borstspieren strekken en buigen, cilindrische dingen eten zoals bananen, schuim van cappuccino likken enzovoort) zonder dat je er mallotig of wanhopig uitziet.
- Je kunt tijdens gesprekken meer gebruikmaken van oogcontact zonder dat er iets achter wordt gezocht.
- Je krijgt meer tijd om gedrag op elkaar af te stemmen, en bovendien heb je een podium om je eigen assertiviteit, dapperheid, gemotiveerdheid, bezorgdheid, koestering, zorg, striktheid, grappigheid enzovoort te laten zien.
- De herleving van gezelligheid op het werk houdt in dat je je sociale vaardigheden kunt tonen.
- Zakelijke uitstapjes (zoals meerdaagse cursussen buiten de deur en conferenties) bieden gelegenheden om samen dronken te worden en spelletjes te spelen.

Keerzijde

- De meeste mensen doen weinig moeite om er op het werk goed uit te zien; ze zitten eerder in elkaar gezakt achter hun bureau aan puistjes te pulken dan dat ze hun best doen.
- Leg je je geflirt er te dik bovenop, dan vervreemd je je van de rest van je collega's, die jouw gedrag als onoprecht en manipulatief zullen ervaren.
- Je kunt worden beschuldigd van seksuele intimidatie.
- Het kan moeilijk zijn om je gevoelens te maskeren tegenover

je collega's wanneer je wordt afgewezen en je trots gekrenkt is.
- Wordt het wel iets met deze verhouding, dan kunnen je collega's elke dag kijken naar een nieuwe aflevering van een soap.
- Het is niet makkelijk een verhouding voor je collega's te verzwijgen. Je lichaamstaal zal je verraden, dus je kunt ervan uitgaan dat ze op de hoogte zijn.

Hoe houd je een verhouding stil?

Heb je het idee dat je iets gaat krijgen met iemand van je werk, besteed er dan ten minste één hele dag aan om je normale lichaamstaal tegenover degene met wie zich iets ontwikkelt op de voet te volgen. Ga na hoe je die persoon begroet en hoe je kijkt wanneer je met hem of haar praat. Breng hierin geen enkele verandering aan wanneer de verhouding is begonnen.

Houd bovendien in de gaten hoe je reageert wanneer collega's deze persoon ter sprake brengen. Je denkt misschien dat iedereen nu wel weet wat er aan de hand is, maar gewoon doen wanneer de naam van de ander wordt genoemd terwijl jullie je zojuist in een vurige en misschien wel ongeoorloofde relatie hebben gestort, zal vrijwel onmogelijk zijn – geloof mij maar. Ook als iemand alleen maar de naam van jouw partner noemt, zul je er ontzettend schuldbewust uitzien.

Leer nonchalant te doen. We kennen dat woord allemaal, maar slechts weinigen kunnen nonchalance in praktijk brengen. De meeste mensen zijn niet in staat tot iets overtuigenders dan een opgetrokken wenkbrauw en een merkwaardig soort op- en neergaande beweging van het hoofd. Wat me weer terugbrengt bij het nutteloze advies dat je 'gewoon jezelf' zou moeten zijn. Het probleem is namelijk dat we niet weten hoe we ons normaal gesproken gedragen; dat *doen* we gewoon, zonder er ooit een studie van te maken. Doe dat nu dus wel, voordat het te laat is.

De slechtste manier waarop je geruchten over een verhouding middels je lichaamstaal de kop kunt indrukken is door te ontkennen en te doen alsof degene met wie je intiem bent tijdens kantooruren lucht voor je is. Je vermijdt die persoon en kijkt weg wanneer hij of zij in de buurt is. Sommige mensen gaan zelfs zover dat ze zich bot of sarcastisch uitlaten over het voorwerp van hun verlangen. Het volstrekte gebrek aan subtiliteit bij dit soort visuele en/of verbale ontkenning zal voor je collega's juist vaak het eerste teken zijn dat er iets loos is.

Als je wilt, kunt je een beetje met deze persoon flirten en belangstelling tonen wanneer hij of zij in de buurt is. Dit is namelijk het tegenovergestelde van wat je collega's zullen verwachten. De meeste stellen stoppen immers meteen met flirten zodra ze een verhouding hebben gekregen. Door ermee door te gaan breng je je collega's in de war, dat garandeer ik je.

Flirten op het werk

Buit het contrast tussen formeel en informeel ten volle uit. Kleed je verzorgd en check of je persoonlijke verzorging in orde is; daar zijn beide seksen op gesteld, hoewel het buiten het werk oubollig kan overkomen. Vrouwen kunnen rokken en hakken dragen, en mannen witte overhemden en jasjes – allemaal kleding die het lichaam flatteert.

Werk biedt ook gelegenheid voor formele interactie, en daar kun je je voordeel mee doen, maar doe je niet belangrijker voor dan je bent. Ik wil daarmee zeggen dat je middels je lichaamstaaltechnieken niet moet proberen je status te verhogen. Macht op het werk moet blijken uit je functienaam of uit je zelfvertrouwen, dat maak je niet kenbaar op een kinderachtige manier waar iedereen op afknapt. Ik zal je enkele voorbeelden geven om aan te tonen wat ik bedoel.

- Je vingertoppen in een driehoek tegen elkaar zetten.
- Over de rand van je bril heen kijken.
- Achteroverleunen in een stoel met de handen achter het hoofd gevouwen en/of de voeten op het bureau
- Langs je neus omlaag kijken, met je kin opgeheven.
- Schamper glimlachen.
- Doen alsof je druk bezig bent terwijl er iemand tegen je praat.
- Ongeduld te kennen geven, bijvoorbeeld door met je vingers te trommelen of weg te lopen.
- Je handen in je zij zetten.

Zorg voor een beleefd en charmant effect. Door gebruik te maken van actieve luistersignalen in combinatie met een correcte houding en verzorgde, formele gebaren bereik je het beste contrast tussen formeel en informeel. Introduceer af en toe kleine informele handelingen, zoals hier en daar een veelbetekenende glimlach, een warme blik of lach, en je maakt jezelf volslagen onweerstaanbaar. Een manager met wie ik werkte was ontzettend beleefd, zakelijk en keurig, maar toen hij tijdens een vergadering met een lastige klant mijn blik ving en naar me knipoogde, had dat een enorme impact op me.

De combinatie uiterst beschaafd en seksueel is als je er goed in bent voor veel mensen iets waar ze erg op vallen. Dat is ook de reden waarom vrouwen zo van gespierde mannen in uniform houden. Vrouwen kunnen een vergelijkbare mate van versterkte aantrekkelijkheid bereiken door mooie pakjes te dragen van zachte stoffen die aansluiten op het lichaam, zonder dat ze te strak of te uitdagend zijn. Daarmee bereik je een look die de meeste mannen sexy en stijlvol zouden noemen. Schuin gesneden rokken zijn een must, evenals rokken die niet zo kort zijn als je staat, maar die als je gaat zitten tot boven je knie komen. Overweeg ook eens een rok met een split. Mannen vinden die sexier dan een minirok, ook al vinden de meeste vrouwen dat het iets hoerigs heeft. Kies een rok die je goed in de hand kunt houden, in plaats van een die als je bij een belangrijke vergadering gaat zitten tot je navel omhoogschuift. Pas ook op met rokken met een achtersplit. Weet precies wat je laat zien en waar.

Kantoortuinen bieden ruimschoots gelegenheid om een wandelingetje te maken, tijdens hetwelk je de kans krijgt om te laten zien dat je je de vaardigheden die eerder in dit boek werden besproken hebt eigen gemaakt. Wanneer je zakelijke parafernalia op een verkeerde manier bij je draagt, kan dat echter het effect weer tenietdoen. Tassen en koffertjes draag je aan de zijkant van je lichaam en mogen je nooit het aanzien geven van een pakpaard. Papieren en klemborden houd je in één hand, en nooit als een wapenschild voor je borst.

Niet-seksueel flirten

Niet-seksuele flirtrituelen worden meestal beschouwd als productief op de werkplek, waar ze kunnen helpen om de onhandigheid te boven te komen die ontstaat wanneer je elke dag in de nabijheid van vrijwel vreemden verkeert, om de spanning tussen de seksen te doen afnemen en om de sfeer in een saai kantoor wat op te vrolijken.

Goede flirts weten hoe ze de grenzen van de goede smaak kunnen respecteren, en ze weten ook wanneer ze moeten stoppen. Ze zijn alert op responssignalen en zullen ophouden zodra ze opmerken dat hun gedrag niet goed valt: een afgewende blik, onhandige lichaamsbewegingen, nerveus gelach of een meer formele toon.

Aan een zakelijke flirt zal meestal een einde komen wanneer de omstandigheden intiemer worden, bijvoorbeeld als de twee betrokkenen samen moeten overwerken, of samen een kamer delen. Kantoortuinen zijn de veiligste plek voor een flirt op het werk, en als gevolg daarvan is het aantal kantoorflirts toegenomen.

Bij een goede flirt op het werk komt iedereen aan bod en worden de vaardigheden slechts aangewend bij wijze van onschuldige lichte soap of vleierij. Vrouwen die zich alleen op mannen richten en mannen die zich alleen op vrouwen richten maken zichzelf niet erg populair bij hun eigen sekse. Populaire mediapersoonlijkheden richten zich veelal op een mild-flirterige, niet-seksuele manier op beide seksen.

14 Hoe word en blijf je een stel?

Of twee mensen een succesvol stel zijn, hangt ervan af of hun choreografie al dan niet synchroon loopt. Kijk eens naar foto's van beroemde stelletjes in kranten en tijdschriften. Hoe kun je de gelukkige paren onderscheiden van de stellen die voor het oog van de camera alleen maar doen alsof ze gelukkig zijn? Waaraan kun je merken of het huwelijk van een vriend(in) spaakloopt, nog voordat hij/zij je toevertrouwt dat er problemen zijn?

Je vermogen om de lichaamstaal van je partner in de gaten te houden en je eigen lichaamstaal daaraan aan te passen, zal je hele relatie lang een belangrijke vaardigheid zijn. Ook al maak je een slechte start, door tijd en oefening kunnen jullie desondanks beter op elkaar afgestemd raken. Maar als het in het begin niet goed zit en je doet er niets aan, kun je regelrecht op de afgrond afstevenen.

Tijd en ervaring veranderen de mate waarin we gesynchroniseerd zijn, en wel langs de volgende lijnen:

Fase 1
In het begin van een relatie zijn jullie allebei gescheiden identiteiten. Opgelatenheid, nervositeit of het verlangen om indruk te maken kunnen je onhandig maken. Je kent die ander niet, en dus kost het je moeite te bepalen wat er in hem/haar omgaat. Omdat je hebt geleerd dat staren onbeleefd is, probeer je voor een soort match te zorgen zonder je partner in spe van nabij gade te slaan.

Fase 2

Jullie zijn het erover eens dat jullie je tot elkaar aangetrokken voelen, dus scheiden jullie je af van jullie respectieve groepen om samen te zijn. In deze fase is het toegestaan elkaar nauwlettender in de gaten te houden, en daarom gaan jullie tegenover elkaar zitten en maken jullie gebruik van actieve kijk- en luistervaardigheden. Je begint je af te stemmen op de stemming, emoties en zelfs het gevoel voor humor van de ander. Misschien maak je wel gebruik van niet mis te verstane signalen, zoals machtsvertoon, overmatig knikken of lachen, omdat je indruk wilt maken. In deze fase kun je empathie creëren middels spiegelen.

Fase 3

Voorafgaand aan de seks zal de frequentie waarmee jullie elkaar aanraken – gezichts- en lichaamsaanrakingen, handje vasthouden, kussen – toenemen, terwijl jullie tegelijkertijd waarschuwingssignalen uitzenden naar andere mannen/vrouwen om hun handen thuis te houden. Op een gegeven moment komt het tot intieme aanrakingen aan borsten, dijen of geslachtsdelen, en wel zodanig dat de relatie de kant op gaat van een partnerschap.

Fase 4

Jullie bedrijven seks, en daardoor neemt de spanning die op het vlak van lichaamstaal tussen jullie was ontstaan enigszins af. Jullie laten nu van twee kanten een stuk duidelijker zien dat er sprake is van seksuele affectie. Jullie raken elkaar veelvuldig aan en zitten en staan met jullie bovenlichaam tegen elkaar gedrukt. Mogelijk heeft een van jullie tweeën leiderschapssignalen ontwikkeld, hetgeen zich uit in een hand of arm die bij elke greep bovenop ligt, of hij/zij neemt wanneer jullie lopen steeds de leiding. De ander kan in reactie daarop signalen van overgave tonen, waardoor hij/zij kleiner en breekbaarder lijkt.

Dit is de periode van elkaar diep in de ogen kijken en elkaars gezicht afspeuren naar tekenen van goedkeuring en instemming. Jullie maken zoveel gebruik van spiegelen door elkaars gebaren, gezichtsuitdrukkingen, gedrag en verbale tics over te nemen, dat jullie misschien hetzelfde zijn gaan klinken en er hetzelfde zijn gaan uitzien.

Fase 5

Je bevindt je nu in de fase waarin je een relatie hebt of samenwoont. Het voortdurende verlangen naar seks is afgenomen en je lichaamstaal heeft zich als gevolg daarvan genormaliseerd en is ontspannener geworden. Er kunnen al in een vroeg stadium problemen rond het samenwonen ontstaan, namelijk tijdens de overgang van fase 4 naar fase 6, wanneer de twee betrokkenen niet langer klonen van elkaar zijn. Ze laten de verkeerde veronderstelling dat de wederzijdse seksuele aantrekkingskracht automatisch zou vragen om identiek gedrag los en gaan beseffen dat het gedrag van twee mensen die samenwonen heel ver van dit 'ideaal' af staat. Op dit moment kunnen schrik en irritatie ontstaan over verschillen in lichaamstaal en gedrag die in de datefase nog niet duidelijk waren geworden. De ene partner kan de andere ergeren door bijvoorbeeld het dopje niet op de tube tandpasta terug te doen of door in bed de teennagels te knippen. Het probleem heeft niet alleen maar betrekking op etiquette, het gaat er ook om dat dergelijke handelingen 'verschillen' duidelijk maken waar geen verschillen zouden mogen bestaan. Een koppige weigering om iets te veranderen wordt opgevat als een wens om kloven te creëren in de twee-eenheid op het gebied van lichaamstaal.

Fase 6

In deze fase wonen de partners reeds lange tijd samen. We hebben er steeds minder behoefte aan naar onze partner te 'kijken' – zoals we ook steeds minder naar onszelf kijken – om te controleren of we elkaar wel begrijpen. Dat betekent dat we niet zo snel meer geneigd zullen zijn iets aan ons denken en aan ons gedrag te veranderen. Dit is de tijd van aannames. Het gevaar is dat we voor onze partner een imago en een gedragstereotype hebben gecreëerd die comfort bieden en transacties vergemakkelijken.

Er wordt nog wel gespiegeld, maar er ontstaat ook frictie, veroorzaakt door een steeds grotere diversiteit. Vaak is de motivatie om voor een gedragsmatige match te zorgen minder sterk aanwezig, omdat de partners er de fut of de toewijding niet meer voor hebben, of omdat er onopgeloste irriaties zijn. Patronen van een negatieve match zijn ingesleten geraakt, wat tot telkens dezelfde woordenwisselingen kan leiden. Wanneer de twee partners samen in een café of restaurant zitten, hebben ze elkaar verbaal en non-verbaal soms maar weinig te vertellen. Ze kijken misschien wel allebei een andere kant op. Ze gaan soms ieder met hun eigen vrienden/vriendinnen op stap. Dat hoeft echter niet iets negatiefs te zijn. Het is een goed teken wanneer het stel hand in hand bij een gelegenheid arriveert, de partners zich vervolgens bijna professioneel onder de andere aanwezigen mengen, maar zelfs wanneer ze zich allebei aan een andere kant van het vertrek bevinden elkaars gebaren en gedrag nog enigszins spiegelen. De empathie en de band zijn er in dat geval nog steeds, ook al is er tussen de partners afstand.

Fris je huwelijk eens op

Er bestaat geen toverformule voor een goed huwelijk. Sommige huwelijken die heel beroerd lijken blijven in stand tot de dood erop volgt, terwijl aan andere die ogenschijnlijk veel leuker zijn eerder een einde komt. Het slaat voor je gevoel misschien nergens op, maar toch is het niet onverstandig je af te vragen welk van deze twee mogelijkheden je het meest aanspreekt. Welke van de twee het ook is, het loont altijd de moeite stil te staan bij je vermogen om in je relatie te observeren en je aan verandering aan te passen. Dat houdt niet in dat je voortdurend op een dieet staat van *Stepford wife*-achtige onderwerping, maar wel dat je eerder kunt 'buigen en duiken' dan in de valkuil vallen van stereotypes en aannames. Op sommige momenten zijn we allemaal vreemden voor onszelf, dus hoe kan iemand ánders ons uit en te na kennen? Het gevaar met langetermijnrelaties is dat we niet bereid zijn meer tijd te besteden aan het 'lezen' van de lichaamstaal van onze partner dan we zouden doen bij de kat of de hond.

Goede seks vraagt om niet-aflatende kijk- en luistervaardigheden. In het begin van de relatie maak je gebruik van kleine lichaamsbewegingen, zoals strekken, om te laten zien waar en hoe je zou willen worden aangeraakt. De communicatie is simpel: naar datgene wat je fijn vindt of waar je meer van wilt beweeg je je toe. Je rug kromt zich en je duwt jezelf naar voren, of je ontspant je. Je reageert door elkaar ter beloning wederzijds aan te raken. Wanneer iets je niet zo aanstaat, trek je je ervan terug of wend je je af. Terwijl je aanraakt en verkent, houd je je ogen en oren de hele tijd open, gespitst op signalen van goed- of afkeuring.

In deze beginfase werk je met een systeem van aanraken en checken, waarbij je aanraakt en kust, en dan wacht op een kort signaal van goedkeuring of instemming voordat je verdergaat. De volgende fase wordt gekenmerkt door aanrakingen en beloningen. Het zijn de laatste fases die verwarrend kunnen worden. Intense passie kan leiden tot periodes van stille spanning. Laat je op dit punt meedrijven met de stroom; meestal is het een teken van mentale en fysieke voorbereiding op de grote finale. Ga ervan uit dat je het goed doet en ga door waar je mee bezig was. Is de verbale soundtrack even stilgevallen, dan is dat – tenzij je gesnurk hoort – in de regel een goed teken.

Pas op met de signalen die je als stel creëert als aanloop naar seks. Wat in de eerste fases schattig of lief kan lijken, kan later gaan irriteren, ook al verandert geen van beiden iets aan het script. Verbale dialoog waaraan koosnaampjes te pas komen of eufemistische benamingen voor lichaamsdelen houdt op den duur geen stand. Qua sensualiteit zijn zulke dingen even verleidelijk als zuchten en vervolgens boven op je partner rollen.

Omhelzingen en strelingen die seks moeten inleiden kunnen eveneens voor problemen zorgen. Vrouwen zeggen vaak dat ze graag omhelsd en geknuffeld willen worden op een manier die niet altijd hoeft te eindigen in seks. Om de een of andere reden lijkt dit mannen in verwarring te brengen. Het gevolg kan zijn dat een vrouw een knuffel afhoudt, terwijl ze die best zou willen om de affectieve en emotionale lading, omdat ze bang is dat ze dan zo meteen weer haar 'ondeugende verpleegster'-setje tevoorschijn moet halen.

Een van de meest aantrekkelijke signalen om seks in te leiden dient het signaal te zijn waar jullie mee zijn begonnen: oogcontact. Je partner naar je toe draaien, hem of haar diep in de ogen kijken en dan een kus geven – dát is romantisch en sensueel. Als je dan ook nog het gezicht van je partner aanraakt of omvat voordat je hem of haar een kus geeft, voer je hem of haar regelrecht naar de hemel.

Denk eens terug aan je datingperiode.

1. Ga tegenover je partner staan en maak gebruik van oogcontact.
2. Kom dichterbij, laat je blik omlaaggaan naar de mond, en dan weer omhoog naar de ogen.
3. Streel het gezicht van je partner, of leg je handen eromheen.
4. Draai het hoofd van je partner een stukje, beweeg jullie gezichten langzaam naar elkaar toe, en zoen dan – eerst licht en vervolgens met tong en al.
5. Laat je ene hand over de rug van je partner gaan en trek dan

zijn/haar bekken dicht tegen het jouwe (decor: muziek van Enrique Iglesias en een gouden zonsondergang).

Ben je dit alles een beetje verleerd en ben je bang om afgewezen, zo niet uitgelachen te worden, bouw het dan geleidelijk aan op. Weet je nog wat ik zei over decorstukken? Brandende kaarsen rondom het bad werken alleen als dat alles een vast onderdeel is van jullie relatie, anders komt het geforceerd en enigszins alarmerend over. Is voor jou de glans eraf, raak je partner dan steeds vaker terloops even aan, tot je toe bent aan deze *killer cocktail* van oogcontact en zoenen.

Een van de beste manieren om langetermijnlichaamstaal te verbeteren is om terug te grijpen op al die vroegere signalen van respect, interesse, observeren en controleren waarvan je gebruikmaakte toen je verliefd werd. Kijk naar je partner en merk op wat nieuw of anders is, of wat hetzelfde is gebleven. Registreer wanneer jullie met elkaar praten de reacties van je partner, en lees als je luistert tussen de regels door en probeer de emotionele lading achter diens woorden te begrijpen.

Wees alert op welgemeende glimlachjes of een lach die begint in de ogen voordat hij zich verbreidt naar de mond. Wees alert op tekenen van stress of zorgen die tot uiting komen in herhaalde gebaren of troostgebaren. Wees alert op ontkenningsgebaren, zoals hoofdschudden voor 'nee' terwijl tegelijkertijd de mond 'ja' belijdt. Kijk je partner in de ogen en ga na of je daarin tekenen ziet van verdriet of verveling. Let op de houding van je partner: is die gebogen en negatief, of rechtop, energiek en positief?

Let op hoe de gezichtsuitdrukking van je partner verandert als hij/zij jou aankijkt. Deze aanpassing van gezichtsexpressie zal je precies vertellen wat je weten moet over hoe jullie relatie ervoor staat. Verzachten de trekken zich en worden de pupillen wijder, dan kun je ervan uitgaan dat je wordt bemind. Blijft het gezicht van je partner onbewogen, of is de uitdrukking erop hetzelfde als wanneer hij/zij met andere mensen praat, dan moet je je zorgen gaan maken. Zie je op het gezicht van je partner sporen van gedeelde humor, bijvoorbeeld in de vorm van een onderdrukte glimlach en ogen die zich tot een boogje versmallen, dan zijn jullie waarschijnlijk zowel vrienden als geliefden. Wanneer het gezicht van je partner verstoordheid, ergernis, verveling of sociale verlegenheid uitdrukt, kon het wel eens zijn dat jullie relatie geen lang leven meer beschoren is.

Als het misgaat

Ik heb eens ergens een raadgeving gelezen die stelde: 'Als je vermoedt dat je partner vreemdgaat, dan is dat waarschijnlijk ook zo.' Maar deze vraag zal zich altijd voordoen: zijn mijn verdenkingen alleen maar het gevolg van mijn gebrek aan zelfrespect of paranoia?

Verbaal vragen stellen is vaak de eerste manier om helderheid te krijgen, maar vervolgens doemen er een paar problemen op. Liegen gaat makkelijker met woorden dan met nonverbale signalen; misschien krijg je van je partner te horen wat je horen wilt, en geloof je dat. Dan is er nog steeds een conflict, hoewel je weinig bewijs hebt. Verbale schermutselingen kunnen resulteren in een overtuiging op basis van heel weinig concreet bewijs. De beste spreker of de beste leugenaar wint.

Maar niemand kan een verhouding hebben zonder dat er veranderingen in zijn of haar lichaamstaal ontstaan. Je kunt dus beter alert zijn op een of meer van de hieronder genoemde 'aanwijzingen' op het vlak van lichaamstaal en gedrag.

• Allereerst begint hij nieuwe onderbroeken te kopen. Bij een oudere man valt dat meer op, want oudere mannen laten die klus vaak aan hun vrouw over. Sommige mannen hebben van hun leven nog nooit zelf een nieuwe onderbroek gekocht, dus stille aankopen van iets anders dan een boxer-short met een dessin van Star Wars-figuren moeten onmiddellijk een belletje bij je doen rinkelen. Vrouwen gaan een stuk subtieler te werk. Geen enkele vrouw van middelbare leeftijd zal thuis komen aanzetten met een catalogus vol ondeugende lingerie, tenzij ze probeert de belangstelling van haar huidige partner nieuw leven in te blazen.

- Hij/zij zondert zich thuis vaker af. Een verhouding roept het verlangen op om tijd door te brengen in je eigen ruimte, voornamelijk omdat de pogingen om de affaire verborgen te houden stressvol kunnen zijn. Liefde of lust vraagt om lange periodes van stille bezinning, en met een partner erbij lukt dat niet goed.

- Hij/zij wil niet graag in de gaten gehouden of gevolgd worden.

- Dankzij de nieuwe persoon in zijn/haar leven, zal je partner zich nieuwe lichaamstaalgebaren of gezichtsuitdrukkingen eigen maken. Vaak zijn dat 'jonge' gebaren, waarbij hij/zij zich nog lichtelijk ongemakkelijk voelt. Dit alles maakt deel uit van de spiegelfase, en het is iets wat de overspelige het duidelijkst verraadt.

- Er zullen momenten zijn waarop je partner jou in stilte gadeslaat. Vat dit nooit op als affectie. Het is eerder zo dat je partner jou bestudeert en vergelijkingen trekt.

- Een man zal zich gedragen als een schoolkind dat een nieuw beste vriendje heeft. Wees bedacht op schampere lachjes of gerol met de ogen wanneer jij aan het woord bent. Ieder ander verveelt hem nu, en jij vooral. Dit is voor hem een akelig onderdeel van het groeiproces. Jij bent een diersoort geworden die lager staat in de voedselketen.

- Ik heb al eerder opgemerkt hoe moeilijk het is om met opzet 'nonchalant' te doen. Op deze vaardigheid zal steeds vaker een beroep worden gedaan wanneer je partner een verhouding heeft, en je kunt ervan op aan dat hij/zij dat niet gaat trekken. Combineer je je vriendelijke verbale vragen met een opmerkzame blik, dan zul je je partner veelvuldig op gespeelde nonchalance kunnen betrappen. Maak bijvoorbeeld een opmerking als: 'En, hoe ziet die nieuwe secretaresse van je er eigenlijk uit?' Wanneer hij/zij je vertelt dat die nogal gewoontjes en saai is, let dan op het vermijden van oogcontact, omlaagwijzende mondhoeken, schouderophalen, verrast en geërgerd opgetrokken wenkbrauwen, en ogen die omhoog en naar rechts rollen in een poging contact te zoeken met de creatieve kant van het brein. Merk je een of meer van deze signalen op, dan is het werkelijke antwoord dat die ander eruitziet als Pamela Anderson dan wel Gareth Gates.

- De gezichtsuitdrukking waar je bedacht op moet zijn is de uitdrukking die duidelijk maakt dat je je partner met deze vraag verrast. Ik doel op een soort screensaver-uitdrukking, die je partner zal gebruiken wanneer hij/zij casual wil overkomen. Je zou er als het ware het onderschrift bij kunnen bedenken: 'Werkt ze als *lap-dancer*? Goh, dat wist ik helemaal niet. Grappig dat je ernaar vraagt.' In de bijbehorende tekstballon staat dan: 'Shit, ze is op de hoogte. Hoe moet ik doen alsof mijn neus bloedt?'
Je stelt een vraag waarmee je een voortrollende tank nog zou kunnen tegenhouden, en hij/zij kijkt weg om de bloemen wat mooier in de vaas te schikken of om stof van een boek af te vegen, in plaats van je met open mond aan te kijken.

Veelvoorkomende tekenen die erop wijzen dat iemand liegt zijn:

- te veel oogcontact
- te weinig oogcontact
- gebaren met de handpalmen naar boven en schouderophalen

- alle beweging valt stil
- aanraken van het gezicht
- over neus wrijven of mond bedekken
- ogen die omhoog en naar rechts rollen, terwijl hij/zij naar een creatief antwoord zoekt
- agressie
- sterk aangezette verbazing ('Hoe kun je nou denken dat ik zoiets zou doen…?')
- de neiging om ofwel weidsere gebaren te gebruiken dan normaal, ofwel juist minder weidse
- zogenaamd slapen (je kunt heel goed merken of iemand echt slaapt of niet)
- een plotselinge verandering in mate van betoonde affectie, vaak voortkomend uit een door schuldgevoel ingegeven verlangen naar verbetering: meer kussen, omhelzingen en zelfs cadeautjes (hoewel je hiermee moet oppassen, want dit kan écht een poging zijn om jullie relatie te verbeteren).

Wees ook bedacht op de onderstaande veelvoorkomende tekenen van schuldgevoel en stress:

- schouders hoger opgetrokken, vanwege spierspanning
- toename van troostgebaren, zoals nagelbijten
- toename van gebaren die wijzen op ongeduld, zoals trommelen met de vingers
- toegenomen knipperfrequentie
- toename van slikken of langs de lippen likken
- meer zweten
- niet kunnen slapen
- een snelle, staccato manier van spreken
- de neiging om wanneer de telefoon gaat zo ongeveer tegen het plafond te springen.

Hoe houd je een overspelige relatie verborgen?

We gaan niet moraliseren, maar geven je alleen een paar tips om je sporen uit te wissen.

Wederom geldt: maak een studie van je gedrag wanneer je normaal met je partner omgaat. Door na te gaan wat de status-quo is kun je in de jaren die volgen je leven redden. Wanneer je vreemdgaat, zul je die alledaagse gedragingen en gebaren moeten herhalen, en dat kan erg moeilijk zijn. Het woord 'nonchalance' duikt weer op. Maak er werk van voordat de verhouding begint.

Kies een moment uit waarop je je nergens schuldig aan maakt, en dat zelfs niet eens overweegt, en stel je voor hoe jij zou reageren als je partner binnen zou stappen en je ervan zou beschuldigen dat je een verhouding had met een vrouwelijke of mannelijke stripper. Zou je quasi-nonchalant gaan doen? Vast niet. Mensen doen dat alleen als ze zo schuldig zijn als wat. Je zou hem of haar met grote ogen aankijken. Je pupillen zouden zich verwijden. Je mond zou openvallen. Misschien zou je wel in lachen uitbarsten. Oefen al deze gedragingen en neem ze in je spiergeheugen op.

Verander niets aan je gedrag thuis. Neem je voor vervelend en ergerlijk te zijn. Praat veel over de allersaaiste details van je werk.

Hier volgen nog enkele aanbevelingen.

- Doe alsof je je partner niet helemaal vertrouwt.
- Wees iets slordiger dan normaal; verzorg jezelf nooit té goed.
- Verander niets aan je kapsel.
- Laat niet merken dat je bent afgevallen.
- Kijk niet vaker in de spiegel dan anders.
- Stap niet over op een ander parfum of andere aftershave.
- Ga niet ineens je eigen was doen of je eigen kleren naar de

stomerij brengen als je dat eerder ook niet deed, en zorg ervoor dat al je zakken leeg zijn.

- Ontwikkel niet ineens een nieuwe interesse in *wat dan ook.*

Communicatie in tijden van verandering

Op het vlak van lichaamstaal is de sleutel tot een succesvolle langdurige relatie dezelfde als voor het opbouwen van welke relatie dan ook, of dat nu binnen het gezin of op de werkplek is. Ik vroeg een trainingsmanager van een toonaangevende fastfoodketen eens welke technieken het personeel werden geleerd om voor tevreden klanten te zorgen, en het antwoord was dat medewerkers maar één ding werd geleerd, namelijk om de klanten aan te kijken. Als je opmerkzaam bent jegens andere mensen, wanneer je naar hen kijkt en de tijd neemt om de signalen die ze uitzenden te registreren, snap je ook hoe je daar zo op kunt reageren dat de uitkomst positief is. Dat betekent niet dat je al je bewegingen en handelingen erop moet afstemmen om die persoon te behagen, maar wel geldt dat hoe bewuster je bent, hoe meer controle je over de uitkomst van elke transactie hebt.

Als je niet langer naar je partner kijkt, zul je hem of haar ook niet langer begrijpen. Mensen veranderen, en hun smaak, hun dromen en hun verlangens veranderen mee. Communicatie tijdens verandering is van cruciaal belang, maar de meeste mensen communiceren dan juist liever niet verbaal. Dus wil je een goed inzicht krijgen, let dan goed op non-verbale boodschappen en probeer die te doorgronden.

Nawoord: ontwikkel en verander

De sleutel tot succesvolle seks en succesvolle relaties is je vermogen om je aan te passen en te veranderen. Je vaardigheden op het gebied van lichaamstaal en gedrag zijn gebaseerd op aangeleerd gedrag dat in het verleden ooit is beloond, maar dat wil nog niet zeggen dat die beloning er in de toekomst ook nog zal zijn. We maken ons gewoontes en maniertjes eigen die een negatieve reactie oproepen, maar toch nemen we zelden de tijd voor een zelfanalyse of oefening in verandering.

Wil je positieve lichaamstaalsignalen creëren die een betere reactie opleveren, dan is je beste bondgenoot een grote spiegel waarin je jezelf ten voeten uit kunt zien. Oefen eerst op jezelf: je entree maken, een nieuw iemand tegenkomen in een café of club, een praatje maken met iemand aan een dineetje. Speel die situaties na en heb plezier in zo'n rollenspel.

Oefenen is van cruciaal belang. Observeer mensen van wie jij vindt dat ze een goede lichaamstaal hebben, of het nu op tv of in het echte leven is, en doe vervolgens een paar van hun gebaren of gezichtsuitdrukkingen na.

Leer hoe je symmetrie kunt creëren met je partner. Stem je lichaamstaal op die van hem of haar af. Dat zal je partner er in velerlei opzicht bij helpen om hetzelfde te doen. Op het laatst lopen jullie even synchroon als ballroomdansers: jullie bewegingen sluiten op elkaar aan, want er lijkt wel een soort helderziende band tussen jullie te bestaan, terwijl er in werkelijkheid niets magischers gebeurt dan bewustzijn en anticipatie.

En vergeet niet 'te luisteren met je ogen'. Kijk goed naar je partner, zodat je weet wat er in hem of haar omgaat. Nogmaals: ga niet van aannames uit, maar kijk naar wat je ziet. Wees alert op wisselingen in stemmingen en verlangens. En leer hoe je dankzij deze vaardigheden samen een levenslange band en seksuele aantrekkingskracht voor elkaar kunt hebben.